平城京の役人たちと暮らし

小笠原好彦

吉川弘文館

はしがき

平城宮・平城京は、和銅三年（七一〇）に大和盆地の南端部に設けられた藤原宮・京から遷された古代の都城である。この都城は、東西三・四キロ、南北四・八キロの空間を占め、それに加えて、二条から五条の東には外京《げきょう》と呼ぶ京域がひろがっていた。

このような平城京は、奈良山丘陵の南、若草山《わかくさやま》や御蓋山《みかさやま》の山地の西側一帯の地に広がっており、また西は遠くに生駒《いこま》山地を眺望する優れた地形の地に設けられた古代の都市であった。

この平城京を首都として国家的な政務がおこなわれた奈良時代は、大宝元年（七〇一）に、唐の律令《りつりょう》を導入して制定した『大宝律令《たいほうりつりょう》』をもとに、新たな律令社会をめざした時代であった。この律令のうち、令《りょう》と呼ぶ行政法によって、地方から多くの諸物資が「調《ちょう》」として中央官衙《かんが》の平城宮へ貢進《こうしん》されている。しかも、これらの調納した諸物資には、平城宮跡の発掘によって、いずれも貢進者がつけた木簡《もっかん》がともなっていたことが明らかになっている。

平城京の北辺の中央部に設けられた平城宮は、天皇の居処であったが、あわせて国家的な行政を担う諸官衙を配していた。また国家的な高度な儀式をおこなう大極殿院《だいごくでんいん》、朝堂院《ちょうどういん》を設けたものであった。そして、ここには六〇〇〇人を超える官人たちが勤務していた。また、官人たちは平城京内に家族とともに居住していた。さらに京内には、地方の軍団から派遣された衛士《えじ》たち、また仕丁《しちょう》と呼ぶ地方から派遣され、平城宮や親王家・大臣・寺院などで、一定の期間、じつに多様な雑務に従事した人たちも居住していたのである。

そして、この平城京には、左京に東市、右京に西市が設けられていた。これらの市は、京内に居住する一〇数万人に及ぶ人びとが日常生活のため、ときには諸官衙も職務に必要とする諸物資を補完的に求め、購入したところである。

このように平城京は政治の舞台であるとともに、多くの官人たちが暮らす場でもあった。本書はこうした平城京に生きた官人たちなどに注目し、政治や制度のしくみだけでなく、軍事・祭祀・文化など多岐にわたる活動を取り上げて紹介している。

興味ある部分からご覧いただき、奈良時代の人びとに思いを馳せる一助になれば幸いである。

目次

第二章　平城京をめぐる経済と流通

平城京全体図

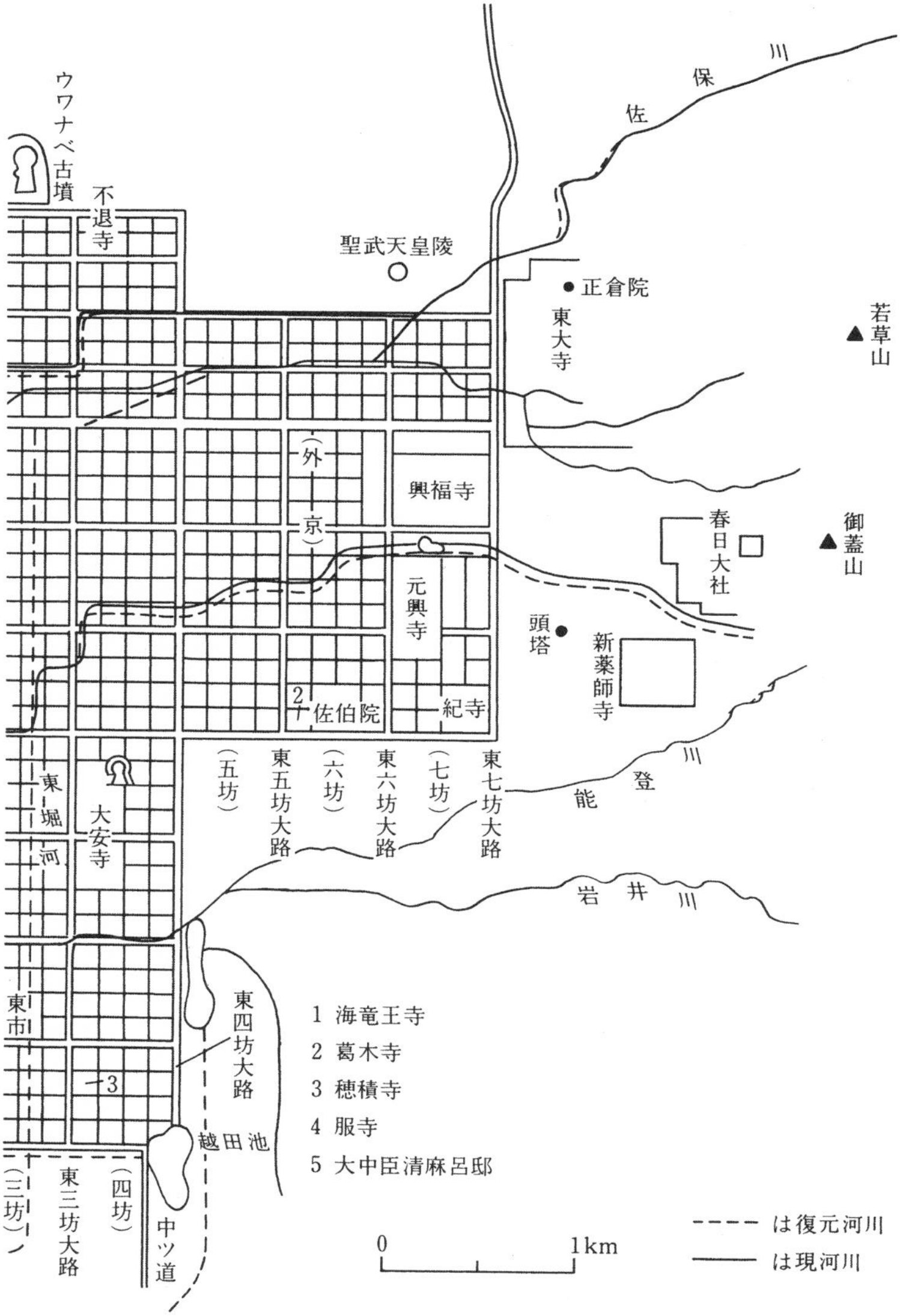

佐保川
ウワナベ古墳
不退寺
聖武天皇陵
正倉院
東大寺
若草山
(外京)
興福寺
春日大社
御蓋山
元興寺
頭塔
新薬師寺
2
佐伯院
紀寺
(五坊)
東五坊大路
(六坊)
東六坊大路
(七坊)
東七坊大路
能登川
東堀河
大安寺
岩井川
東市
東四坊大路
3
越田池
(三坊)
東三坊大路
(四坊)
中ツ道
1 海竜王寺
2 葛木寺
3 穂積寺
4 服寺
5 大中臣清麻呂邸
0
1km
は復元河川
は現河川

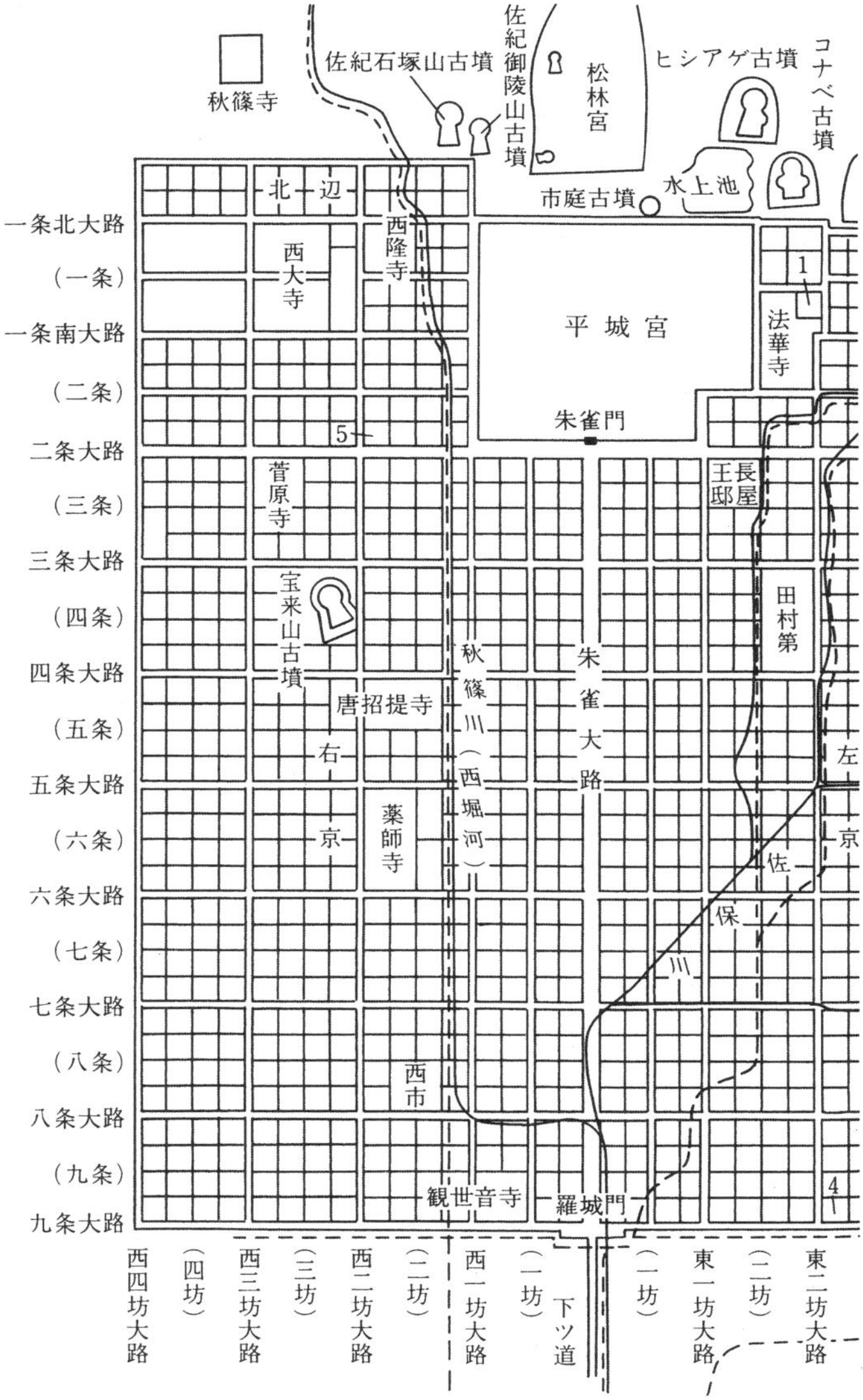

秋篠寺
佐紀石塚山古墳
佐紀御陵山古墳
松林宮
ヒシアゲ古墳
コナベ古墳
市庭古墳
水上池
北辺
西大寺
西隆寺
平城宮
法華寺
1
朱雀門
5
長屋王邸
菅原寺
宝来山古墳
田村第
秋篠川（西堀河）
朱雀大路
唐招提寺
右京
左京
薬師寺
佐保川
西市
観世音寺
羅城門
4
一条北大路
（一条）
一条南大路
（二条）
二条大路
（三条）
三条大路
（四条）
四条大路
（五条）
五条大路
（六条）
六条大路
（七条）
七条大路
（八条）
八条大路
（九条）
九条大路
西四坊大路
（四坊）
西三坊大路
（三坊）
西二坊大路
（二坊）
西一坊大路
（一坊）
下ツ道
（一坊）
東一坊大路
（二坊）
東二坊大路

第一章

平城京の役人たちと政治

1　官人と大学

大学のしくみ

平城京には、国家が求める有能な官人を養成する教育機関として大学がもうけられていた。日本の大学の起こりは、『懐風藻《かいふうそう》』の序には、天智《てんじ》天皇のときに学校を建て、秀才な官人を採用したとしており、『日本書紀』天智一〇年（六七一）正月是月条に、滅亡した百済《くだら》の遺臣の鬼室集斯《きしつしゆうし》が学職頭《ふみのつかさのかみ》を担っていたことを記している。

古代の大学は、官人の任用や昇任を扱う式部省《しきぶしょう》が管轄し、大学寮のもとにおかれた。大学には、五位以上の官人の子弟と渡来系氏族で文筆を職業とする東史《やまとのふひと》、西史《かわちのふひと》の子弟を学生として入学させている。ただし、八位以上の子弟でも、希望すれば入学できた。入学する年齢は一三歳から一六歳以下の子弟であった。

『養老学令《ようろうがくりよう》』によると、大学を運用する職員は、事務系と教育系の官人で編成され、このうち事務系は四等官で構成し、これは現在の大学の事務部局に相当した。一方の教育系は博士一人、助教（助博士）二人、音博士二人、書博士二人、算博士二人で編成し、学生《がくしょう》四〇〇人と算生三〇人が定員であった。

何を学んだか

大学のカリキュラムは、中国の四書や五経など、儒学の経典を学ぶ明経道《みょうぎょうどう》が中心となる本科であった。この本科は『論語』と『孝経』が必修となっており、他に『周易《しゅうえき》』、『周《しゅ》礼《らい》』、『尚書《しょうしょ》』（『書経』の別名）、『儀《ぎ》礼《らい》』、『春秋《しゅんじゅう》左《さ》氏《し》伝《でん》』、『毛詩《もうし》』などから選択して学んだ。また教養課程として音博士から漢語（中国語）、書博士から書写、算博士から数学に関連する中国の文献を学んでいる。

大学での教授方法は、音博士がテキストを音読し、それをいくつかに区切って暗誦した。そして、全体を暗誦できた後に、文献の内容の講義をうけた。一〇日ごとに休暇が一日あり、その直前に、博士が試験をおこなった。たとえば音読の試験では、千字からなる文章のうち、三文字を伏せ、それを答えさせた。また理解力の試験では、区分した文章中の一行を伏せ、その内容を回答させている。

所定の課程を終え、最終試験に合格すると、式部省が官人に採用する条件となる官位を授与した（図1）。しかし、九年間で修了できない学生は、除籍になった。

図１　勤務する官人（早川和子氏画）

学制の整備

『大宝令』が施行された後の神亀五年（七二八）七月、大学の学生《がくしょう》に律令を習熟させるため、新たに律学博士二人、直講《ちょくこう》（講師）三人と詩文と歴史を教授する文章博士一人を加えている。これによって、本科（明経道）と、明法科、文章《もんじょう》科ができ、教授陣も博士—助教（助博士）—直講（講師）になった。ついで、天平二年（七三〇）三月、学業の優秀な学生五〜一〇人を選んで得《とく》業生《ぎょうしょう》とし、夏・冬の衣服と食料を支給している。これによって、『養老学令』は明経四人、文章二人、明法二人、算二人の得業生に対し、夏は絁《あしぎぬ》・布、冬は絁・綿《わた》・布の衣服を支給することを加えている。

また、このとき、大学の博士らは高齢化しているとして、教授する算博士の山口忌寸田主ら七人に後継者の育成にあたらせ、さらに、外交には通訳が不可欠なので、音博士の陽《や》胡史《このふひと》真身《まみ》・秦朝元ら五人にも漢語を学ぶ後継者を育成させている。

試験と官位

このような大学は、唐の学制を取り入れたものであった。唐では大学に相当する機関は国子監《こくしかん》と呼び、国子・太学・四門・律・書・算の六学を設けているが、日本は六学を一つの大学に縮小したものとなっている。また日本の大学は外交のため、中国語を教授する音博士を置いていた。そして、大学では、『周易』『尚書』『周礼』『儀礼』『詩経』『春秋左氏伝』を、それぞれを一経と呼んでいる。また博士・助教は、これらの経をそれぞれの学生が選択すると、分割して教授した。学生は一つの経を終了し、ついで、つぎの経を学んでいる。そして二経を修めた際に、学生が官人になることを希望した場合、大学は一〇問を試験し、八問以上できたら太政官に推薦することになっていた。

さらに、秀才試・明経試・進士試・明法試のいずれかの国家試験を受け、合格すると官位を授位された。その試験の成績の基準は、秀才試で上上の場合は正八位上、上中の場合は正八位下、明経試で上上の場合は正八位下、上中で従八位上、進士試で甲の場合は従八位下、乙で大初位上、明法試では甲の場合は大初位上、乙で大初位下の官位が授与されている。

博士と官位

しかし、唐の大学在学者の大半が試験に合格しないのと同様に、日本の場合も、『令集解』選叙令《せんじょりょう》の秀才出身条に引用されている延暦二一年（八〇二）六月八日官奏には、大宝令を施行して以来、一〇〇年になるが、秀才試に合格した学生は数十人に過ぎなかったと記されている。この記載と大学出身者で高官（公卿）になった者もよく知られていないので、大学での教育を過大視することはできないとする研究者もいる。

だが、延暦二一年の官奏は、官人になる際の秀才試、明経試、進士試、明法試の試験のうち、最も高い官位を授与した秀才試に合格するのが困難であったことを示したものと推測される。それ以外の明経試、進士試、明法試は、少なからず学生が合格したものと思われる。

ところで、『続日本紀』養老五年（七二一）正月二七日条に、大学の博士ら一四人を表彰している。その博士らの官位をみると、文章《もんじょう》博士の紀清人は従五位下であるが、他の明経博士の越智広江は正六位上、額田千足は従七位上、明法博士の塩屋吉麻呂は正七位下で、その大半は六位と七位の下級官人が大学の博士を担っている。

文章博士の一人の紀清人は、『日本書紀』の編纂にかかわったことがあり、和銅八年（七一五）正月に従五位下となり、同七月に学業優秀として穀一〇〇斛を与えられている。また宝亀三年（七七二）四月、漢詩学に通じた大学頭《だいがくのかみ》で、正五位上の淡海三船を文章博士に兼務させるなど、国家は大学の充実に配慮している。

大学の限界

しかし、奈良時代の大学は、優れた官人を多く輩出させたということにはならなかったのである。藤原氏など有力氏族の子弟が大学で学ぶことは少なかったようだ。学生は大学の博士とともに宿舎に居住し、夜も学ぶために燈燭料を支給されていた（図2）。明経科、明法科、文章科での学習は、『養老学令』の規定からみて、艱難辛苦《かんなんしんく》の生活を送るものであった。そして、明経試以下の試験に合格した学生は、正八位下より下の官位を授与されている。

図2　大学寮の宿直を記す木簡（奈良文化財研究所所蔵、ColBase〈https://colbase.nich.go.jp/〉）

じつは古代には、五位以上の官人の子弟は『養老選叙令』に、正五位の嫡子に正八位下、庶子および従五位の嫡子に従八位上、庶子に従八位下を二一歳になると叙位する蔭位《おんい》制があったのである。この蔭位制からすると、大学に入り、苦学する道をあえて選択する魅力に乏しいものであった。そこで、秀才試によって正八位上より高位の七位の官位を学生に授与するということは、七位の博士が少なくなかったことからすると、博士の官位と同等に近いものになる場合が想定されるので、できなかったであろう。

2　宮廷と女性官人

後宮の組織と仕事

奈良時代には、宮廷の後宮に多くの女性官人が勤務していた。後宮の女性官人は、天皇に供奉《ぐぶ》して日常生活を支えるとともに、天皇の政務、とりわけ天皇権力が発動される詔勅の作成に関与していた。

この後宮の組織は、内侍司《ないしのつかさ》、蔵司《くらつかさ》、書司、薬司、兵司、闈司《みかどのつかさ》、殿司、掃司、水司、膳司、縫司、酒司の十二司から構成されていた。これらのうち、その筆頭は内侍司であった。この内侍司は、二人の尚侍《ないしのかみ》をふくむ一〇人の女性官人と一〇〇人の女孺《にょじゅ》からなり、十二の官司のうち最も規模が大きいものであった。この官司の職務は、天皇に常に侍しながら、中務省から派遣される内記《ないき》とともに詔勅を作成することであった（伊集院二〇一六）。

これは天皇から内侍司の尚侍に口頭で内容が伝えられ、それを中務省の男性官人の内記に伝え、共同で文書を作成し、奏上するというものであった。この内侍司とともに、とりわけ天皇の政務へのかかわりが重要視されたのは蔵司である。この蔵司は天皇権力を発動させる文書に押す神璽《しんじ》（御璽）と三関《さんげん》（鈴鹿関《すずかのせき》・愛発関《あらちのせき》・不破関《ふわのせき》）を軍隊が通過するときの関契《せきけい》（割符）を管理していた。

元明天皇に仕えた県犬養橘宿祢三千代

さて、後宮十二司に勤務した女性官人は、女孺、采女《うねめ》と呼ばれた。女孺は五位以上に昇ることができる中央氏族の女性（氏女《うじめ》）が採用された。その著名な女性に、県犬養橘《あがたいぬかいたちばなのすく》宿祢《ね》三千代《みちよ》がいる。彼女は初め美努王《みぬおう》（敏達《びだつ》天皇の曾孫）に嫁ぎ、葛城王（橘諸兄）、佐為王、牟漏女王《むろのひめみこ》を生んでいる。その後に美努王と離別し、文武初年に藤原不比等と結婚し、大宝元年（七〇一）、安宿媛《あすかべひめ》を生んでいる。

そして和銅元年（七〇八）、三千代は元明《げんめい》天皇が即位した大嘗祭《だいじようさい》の宴で、天武《てんむ》朝から歴代にわたってよく仕えたことが評価され、橘宿祢《たちばなのすくね》の氏姓を賜与されている。そして、その後、彼女は娘の安宿媛を聖武《しょうむ》と結婚させ（光明皇后）、正三位まで進んでいる。しかし、養老五年（七二一）、元明が重病となったので後宮の勤務をやめて出家している。亡くなったのは天平五年（七三三）正月一一日で、翌年の同日、興福寺に新たに西金堂が建てられ、この西金堂で一周忌の斎会がおこなわれている。

前述したように、三千代は元明が重病になった際に後宮の勤務を辞めており、その際に、美努王との間にうまれた牟漏女王を女孺として後宮に勤務させたようである。また牟漏女王を不比等の次子の藤原房前《ふささき》と結婚させ、永手・真楯・御楯が生まれている。房前は天平九年（七三七）に、天然痘の疫病で倒れたが、なお牟漏女王は勤務を続け、従三位まで昇り、天平一八年（七四六）正月に没している。

三千代と同族の県犬養宿祢八重

また、三千代と同族の女孺の一人に、県犬養宿祢八重《やえ》がいる。八重は葛井《ふじい》連広成の夫人で、天平一四年（七四二）二月、聖武が恭仁宮から皇后宮職に行幸した際に、叙位を受けている。八重は光明皇后の女官であったようで、皇后宮職でおこなっていた写経事業に関連する『正倉院文書』に「県犬甘命婦《みようぶ》」「犬甘命婦」などと記されている。近江国覇流村《へるむら》（犬上郡・愛智郡、現在の彦根市曾根沼付近）に、東大寺領墾田に接して八重の墾田があったことが「東大寺開田絵図」によってわかる。

官人出身の為奈真人玉足

さて、畿内の五位以上になった官人出身の女孺の一人に、為奈真人玉足《いなのまひとたまたり》がいる。為奈氏は威奈、猪名とも書き、一族には墓に墓誌を刻んだ蔵骨器を副葬した威奈真人大村がいる。大村は、墓誌によると宣化《せんか》天皇の四世孫の威奈公鏡《いなのきみかがみ》の第三子で、太政官の左小弁となり、その後、越後城司の任期中の慶雲四年（七〇七）に越後で亡くなった。大村の墓に墓誌を入れたのは、彼が持統の火葬の葬儀の際に御葬副官を担当しており、これと関連する可能性が高いものと思われる。

そして、為奈一族の玉足は、宝亀三年（七七二）正月、正五位上から従四位下に叙され、初めて『続日本紀』に登場する。また天応元年（七八一）七月、従四位下で天皇の神璽や関契を管理した蔵司の次官である典蔵《くらのすけ》の要職を担いながら没している。

采女の出仕

後宮に勤務した女性官人である采女は、律令制が行われる以前、国造、県主などの地方豪族による服属儀礼のもと、一族の女性を朝廷に貢進した制度を継承したものである。令制では、郡の少領以上の姉妹もしくは娘で、一三歳から三〇歳以下の容姿の端正な女性を、三郡に一人の割合で出仕させている。その職務は、後宮で主として天皇の食事を担当するもので、膳司に采女六〇人、天皇が飲むお湯や水に関連することを担う水司に六人が勤務していた（図3）。

図３　高松塚古墳の壁画に描かれた宮廷女性
（文化庁、奈良文化財研究所写真提供）

伊勢出身の飯高宿祢諸高

さて、奈良時代に采女として後宮に勤務した女性官人の一人に、飯高《いいたかの》宿祢《すくね》諸高《もろたか》がいる。彼女は伊勢国飯高郡を本拠とする郡司の飯高氏の出身の女性であった。宝亀元年（七七〇）一〇月、正五位上から従四位下となり、さらに宝亀七年（七七六）四月、従三位に昇っている。そして、同八年（七七七）正月には八〇歳になったので、朝廷から絁《あしぎぬ》八〇匹、糸八〇絢、調布八〇端、庸布八〇段を賜わった。しかし同年五月末に没している。亡くなったとき、『続日本紀』の記事に、諸高はたいへん慎み深い性格の女性で、正しく潔い心をもって勤務したと記されている。

諸高は、元正《げんしょう》天皇のときに宮廷での女楽・舞踏をおこなう内教《ないきょう》坊《ぼう》に初めて出仕した。この元正は諱《いみな》を氷高《ひだか》、あるいは飯高と呼ばれている。これは養育費を負担する壬生部《みぶべ》として、伊勢の飯高君がかかわっていたと推測されている（磯貝一九七八）。彼女は、その後は飯高郡の采女として後宮に勤務するようになり、四代の天皇（元正・聖武・孝謙《こうけん》・光仁《こうにん》）によく仕えたと記されている。しかも飯高郡からの采女の奉仕は諸高が初めてのことだったが、高齢に至るまで問題をおこすことなく勤務したという。

東国から出仕した壬生直小家主女

また、東国から出仕した采女としてよく知られる女性に常陸国筑波郡の壬生直《みぶのあたい》小家主女《おやかぬしめ》がいる。彼女は、天平宝字五年（七六一）正月に、正七位下から外従五位下に叙されている。一九六一年（昭和三六）一月末、平城宮の西北官衙地域の発掘調査で、土坑ＳＫ二一九から、表に「寺請　小豆一斗醤一十五升……」、裏に「右四種物竹波命婦所……」と記された壬生直小家主女に関連する木簡が出土している（図４）。

この木簡は、出土したその他の年紀の記したものからみると、天平宝字六年（七六二）五月二三日に、近江の保良宮《ほらのみや》から平城宮に還都した際に孝謙上皇の居所となった法華寺に設けられた筑波命婦《つくばのみょうぶ》所から、四種の物を大膳職に請求したものであった。

図４　筑波命婦からの請求を記した木簡（奈良文化財研究所所蔵、ColBase〈https://colbase.nich.go.jp/〉）

この出土した木簡によって、発掘された平城宮の西北に所在する官衙が宮内省の大膳職であったことが判明した。また筑波命婦は保良宮では、孝謙上皇の御在所に勤務していたものと推測される。じつは、保良宮から平城宮への突然の還都は、孝謙上皇の御在所に出入りする道鏡をめぐり、淳仁《じゅんにん》天皇と孝謙上皇が仲違いしたのが原因であった。おそらく孝謙の御在所に出入りする道鏡とのことを最もよく知っていた女性官人は筑波命婦だったであろう。

その後、天平宝字八年（七六四）九月、孝謙上皇側によるクーデターによって、大師（太政大臣）の藤原仲麻呂は敗死している。このとき、筑波命婦は孝謙の身近に仕えていたこともあり、この政変が収まった後の天平神護元年（七六五）正月七日、従五位下に叙されている。しかも、同じ日に勲五等も授けられている。女性の叙勲は珍しいことである。おそらくこの政変に際して、孝謙に近侍し、機密に属する情報を孝謙上皇に伝えるなど重要な役割をはたしたものと推測される。

神護景雲二年（七六八）六月、彼女は従五位下で後宮の掃司の尚掃《かにもりのかみ》（長官）に任じられ、さらに出身地の常陸国の国造にも併任されている。そして称徳《しようとく》天皇（孝謙）が没した後の宝亀七年（七七六）四月、さらに正五位下に叙されている。

3　官人たちと勤務評定

勤務評定を記した木簡の発見

一九六五年（昭和四〇）、平城宮の東南隅の地が発掘され、東一坊大路と二条大路が交差する状態が明らかになった（第三二次調査）。そして一九六六年七・八月、その西北部の一部が補足して発掘されている（第三二次補足調査）。

その発掘結果として、発掘区の東端部で、平城宮の東面大垣の西に沿って設けられた南北大溝と南面大垣の北に沿って流れる東西大溝（ＳＤ四一〇〇）が検出されている（図５）。しかも、予期せぬことがおこったのである。この東西大溝から、多くの木簡が出土したのだが、その中に平城宮に勤務する官人たちを勤務評定した式部省による考課《こうか》の木簡がまとまって検出されたのである。

その一例として、表に「少初位下高屋連家麻呂 年五十 右京 六考日幷千九十九 六年中」、裏に「陰陽寮《おんみようりよう》」と記されたものがある。これは、右京に住む五〇歳の官人である少初位下の高

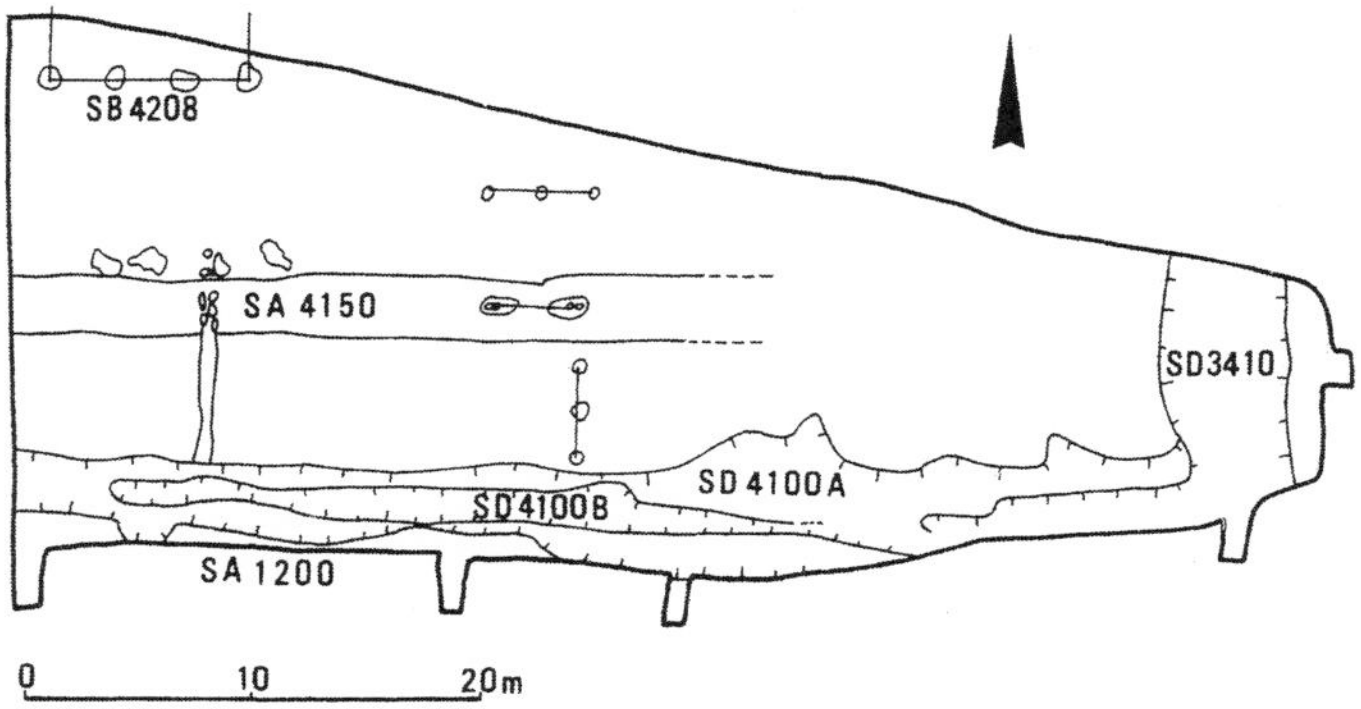

図5　考課の木簡が出土した東南隅の溝
（『奈良国立文化財研究所年報1966』1966年）

屋連家麻呂が、六年間の出勤日が一〇九九日であったことを記したものである。また、裏の「陰陽寮」は勤務先を記したものと推測される（図6）。

また、「无《む》位《い》上毛野君大山 年五十 紀伊國一東郡 日二百卅」と記されたものがある。これは、五〇歳で紀伊国伊《い》都《と》郡出身の位のない上毛野君大山が一年間に二三〇日出勤したことを記している。

「位子」の木簡

さらに「去上 位子従八位上伯祢廣地 年卅二 河内國安宿郡」と記すものもある。「去上」と、昨年の評価は上だった従八位上伯祢《はくね》廣地は、位子《いし》で、出身は河内国安宿《あすかべ》郡、三二歳であることを記したものである（図7）。この木簡の上に書かれた「去上」は小さく右に寄せており、今年の評価を記載することができるようにしている。また「位子」は、古代の律令制では、父が内位《ないい》（郡司や地方出身以外の者）の六位〜八位の官人の嫡子であることを示したものである。

この位子に相当する者は、二一歳以上で官人になっていない場合は、毎年、京職や国司が試験をおこない、容貌が端正で文字を書け、計算もできる者は上等、身体が強健で弓馬

図6　高屋連家麻呂の木簡（奈良文化財研究所所蔵、木簡庫）

図7　位子　伯祢廣地の木簡（奈良文化財研究所所蔵、木簡庫）

にすぐれている者は中等、身体が弱く文章が書けず、計算する力量がないものは下等に三分され、上等と下等は式部省に、中等は兵部省に送られ、そして、上等は大舎人《おおとねり》、中等は兵衛、下等は使部《つかいべ》に採用するという規定によって採用された官人である。

以上のような東西大溝から出土した勤務評定（考課）に関連する多量の木簡は、平城宮の東南隅付近に置かれた式部省の官人らが溝に廃棄処分したものが、官衙の外部に流出したものであった。

考課の規定

奈良時代の官人の勤務評定に関連する規定は、『養老考課令』と『養老選叙令《せんじよりよう》』の二つに区分して記されている。『養老考課令』には、内位・外位の文官、武官の初位《そい》以上の官人に対しては、年ごとに官司の長官が考課（評価）すること、初位以上の正規の官人（長上）は、一年間に二四〇日以上出勤すること、分番（非常勤）は一四〇日以上、帳内《ちようない》・資人《しじん》は二〇〇日以上の出勤日数がないと、勤務評価を受けられないことを記している。また、正規の職員は、九段階（上上・上中・上下・中上・中中・中下など）に区分して評価することを記している。

また『養老選叙令』によると、官人の考課の基準は、初位以上の長上官（正規の官人）は、六考（六年）ごとに、舎人・史生・兵衛・伴部・使部、また帳内・資人（親王や高級官人に与えられた舎人《とねり》）は八考（八年）ごとに、郡司や軍団の地方官人らは一〇考（一〇年）ごとに位階を進めることになっていた。なお、五位以上の官人は、勅授なので定まった規則がなく、勅によって位階が上がったのである。

奈良時代に、官人らの勤務評定を記した具体的な史料は、『正倉院文書』にも一部が収録されている。その一つの天平勝宝元年（七四九）付の「造東大寺司解　申職事等成選事」には、「職事　一人三考中上　二考分番中上」「長上　二人考一中上　四考分番中上」「一人二考上　四考分番　二考中上・一考上等・一考中等」と記されている。これは令外の官だった造東大寺司に勤務した雑事を担当する職事一人、長上二人、長一人の四人に対する評価を記したものである。

渤海使の官位昇進ともたらされた情報

また、注目すべき東西大溝から出土した勤務評定の木簡の一つに、「依遣高麗使廻来天平寶字二年十月廿八日進二階叙」と記されたものがある（図8）。これは渤海使《ぼっかいし》として派遣され、帰朝したことによって二階を特進させることを記したものである。これに関連する記事は、『続日本紀』天平宝字二年（七五八）一〇月二八日条に、渤海から帰朝した遣渤海大

図8　遣高麗使の木簡（奈良文化財研究所所蔵）

使・従五位下の小野朝臣田守に従五位上、副使・正六位下の高橋朝臣老麻呂に従五位下を授け、その他の六六人にもそれぞれ功労に応じて官位を授けた旨が記されており、高橋朝臣老麻呂に関連するものと推測される。

このとき帰朝した渤海使らは、唐で七五五年（天寶一四）に安禄山《あんろくざん》の乱が起こり、玄宗《げんそう》皇帝が長安から四川省に逃れていることを奏上している。その情報によって、坤宮官《ごんぐうかん》の藤原仲麻呂は、渤海と連携して新羅《しらぎ》を倒す千載一遇の機会とみなし、新羅征討を計画したのである。そして、その直後に仲麻呂は、近江に保良宮・京を造営させ、天平宝字五年（七六一）一〇月に遷都させ、一一月に、東海節度使・南海節度使・西海節度使を任命し、さらに兵士と船を準備させている。しかし翌年の五月、道鏡をめぐって淳仁天皇と孝謙太上天皇とが不和になり、平城宮・京へ還都したので、新羅への征討は実現しなかったのである。

長屋王家木簡の勤務評定

さらに、一九八八年（昭和六三）、平城京の長屋王邸跡から出土した「長屋王家木簡」にも、「无位出雲臣安麻呂 年廿九 山背乙当郡 上日 日三百廿 夕百八十五 并五百五」と記した勤務評定に関連する木簡が出土している。出雲臣安麻呂は、溝に木簡が投棄された霊亀二年（七一六）ごろには、二九歳で無位であった。しかし、『正倉院文書』の「神亀三年山背国愛宕《おたぎ》郡計帳《ぐんけいちょう》」に、「男大初位下出雲臣安麻呂　年肆拾貳歳　正丁眉黒子《まゆにほくろ》、北宮帳内」とあり、神亀三年（七二六）には、長屋王家内にあった北宮に帳内として勤務し、大初位下だったことがわかる。

長屋王の祟りの風聞と叙位

ところで、古代の位階の叙位制度には、前述した「位子」の他に蔭位《おんい》があった。この蔭位は、父祖の位階によって、その子・孫が一定の位階を与えられる制度で、二一歳になると親王の子は従四位下、諸王の子は従五位下、諸臣は嫡子の場合、一位は従五位下、二位は正六位下、三位は従六位上、正四位は正七位下など、五位以上の官人の子に官位を与える制度である。

この叙位に関連する注目すべきことに、『続日本紀』天平九年（七三七）一〇月二〇日条は、この日、聖武天皇は、平城宮の南苑（中央区の朝堂院）に出御し、長屋王の子の従五位下の安宿王に従四位下、無位の黄文王《きぶみ》、従五位下の円方女王《まどかた》・紀女王・忍海部女王《おしぬみべ》に、それぞれ従四位下を授けている。寺崎保広氏によると、この聖武による叙位は、天平九年の春から平城京で天然痘の感染が拡大し、藤原武智麻呂・房前《ふささき》・宇合《うまかい》・麻呂の四子があいついで没しており、この天然痘が長屋王による怨霊という風聞が広まっており、聖武がこの風聞に対処した叙位と推測している（寺崎一九九九）。

この天然痘の感染拡大は、翌年にほぼおさまったので、聖武は長屋王の祟《たた》りとする風聞を信用せざるをえなかった可能性がある。そして、恭仁京への遷都した後の天平一五年（七四三）一〇月に、紫香楽宮の付近でおこなった盧舎那仏の造立へつながったものと推測されるのである。

4　平城宮に置かれた版位と儀式

版位の出土

平城宮跡の内裏の東に位置する東方官衙《とうほうかんが》は、一九六六年（昭和四一）に発掘された官衙の一つである。この官衙の上層には、中央北部に南・北の二面庇《ひさし》をつける正殿、その前面の東に総柱《そうばしら》による南北棟、西にも総柱の南北棟を配していた。これらはいずれも塼積基壇《せんづみきだん》上に建てられている。この官衙の政庁では、正殿の前に、狭いながら前庭があり、しかも三条の狭い南北方向の塼敷《せんじき》舗道が平行して設けていた。しかも正殿の東方の井戸から「公《く》事《じ》」と線刻した文字塼《もじせん》、正殿の西北から「私事《しじ》」と線刻した塼も出土している。

　これらの文字塼のうち、公事塼は一辺二五センチの方形、私事塼は一辺二九・五センチの方形をなしていたと推測される。この公事塼や私事塼は、大極殿院・朝堂院や官衙の政庁の前庭・中庭などで挙行される重要な儀式に際し、官人らがそれぞれの部署と官位の序列に従って立つ位置を示した版位《へんい》と呼ぶものである（図9）。

図9　平城宮跡出土の公事塼・私事塼
（奈良文化財研究所所蔵）

版位の規定

このような版位を用いる源流は中国にあり、漢代にはすでに使用されていた。そして唐代のものは、『大唐開元礼《だいとうかいげんれい》』に、皇帝三六センチ、皇太子二七センチ、百官二一センチに三分し、身分により差異があった。

一方、日本で使用した版位は、『養老儀制令』に、版位の規格として「凡そ版位は、皇太子以下は各方七寸、厚五寸、題して云はまく、其の品位と並びに漆ぬりの字」と記し、漆塗りの木製板で、官位による差異はなく、同じ大きさのものを使用していた。

また、『延喜式部省式』に、朝堂院にある一二の朝堂に版位を置く際は、「凡そ昌福堂・含章堂および含嘉堂の版位は、みな前庭に置きて、正北に向けよ。余の司は各の堂の後に置け。それ版位は皆二枚、公事には前に就き、私事には後に就け」と記している。この規定によると、賀正の朝賀などには、在京の官人らの他に、地方から入京していた四度使《よどのつかい》(朝集使・大帳使・貢調使・正税帳使)、さらに郡司らも参列している。その際に、正職員は公事塼の位置に、それ以外の官人らは、私事塼の位置に立ち並んだものと思われる。

このような版位は、平城宮では、大極殿院や朝堂院で挙行される諸儀式の際に、儀式に先だって、立ち並ぶ官人らの位置を示すために、置かれていた。

さて、平城宮跡の内裏の発掘で、内裏の東方に配した官衙から、公事塼、私事塼の版位が出土している。この政庁に建てられた正殿の前に広がる中庭で、多くの官人らが参列する儀式がおこなわれたものと推測される。この官衙の上層(Ⅱ期)の建物用に設けた基壇には、塼積した基壇外装も使用され、他の官衙とは異なっていた。この官衙では、公事塼・私事塼の版位が出土し、下級官人の官位の授与式や官職の任命式などがおこなわれたことが想定される(横山二〇〇三)ので、太政官曹司《ぞうし》に推定されている。しかし、確定する資料を欠くので、なお推測にとどまっている。

口頭による伝達と儀式

ところで、『続日本紀』には、文武《もんむ》天皇の即位の「宣命《せんみよう》」にはじまり、多くの漢字かな混じりの宣命を載せている。それらは即位・譲位・立太子・立后・改元など国家の重要な行事・儀式で宣布されたものである。これらの行事・儀式は、原則として大極殿院とその前の朝堂院でおこなわれた。その際に官人らは、床面に所属する部署や官位を示す版位によって立ち並んだ。そして中務卿が「宣命」を口頭で読みあげたのである。

平城宮の大極殿院・朝堂院には、広い儀式場である朝庭を設けていた。古代史研究者の早川庄八氏によると、ここで宣する音声が広い大極殿院・朝堂院に集まった官人たちに聞こえたかどうかは重要なことでなく、音声で宣布することが重要なことだったという（早川一九八六）。

官人らが、この版位のもとに立ち並び、口頭による宣布がおこなわれた重要な儀式の一つに、官人らに位階を授与する儀式があった。これは、大極殿とその前庭で実施され、位階を授与される者が朝庭に列立し、天皇による大極殿への出御のもとでおこなわれた。これは、まず「宣命」の口頭による宣布にはじまり、式部卿が叙位される者の名を呼び、呼ばれた者は「オオ」と答えて、大極殿前に進み出て、叙位の証書である「位記《いき》」を式部卿から受領した。

このような朝庭での口頭による伝達は、公文書が用いられるような場合でも、まず口頭による伝達が優先しておこなわれた。もう一つの重要な儀式に、任官の儀式があった。この任官を正式に伝える儀式は朝堂院でおこなわれ、口頭で告げ、告げられた者は、前述のように、「オオ」と答えて拝礼したのである。

古代東アジア諸国の王宮と版位

さて、中国の唐王朝の『開元礼』による元日の朝賀をみると、儀仗兵が整列し、群臣・皇帝の親族・客使らは朝庭に集合し、所定の服を着衣し、それぞれの版位についている。その後に、皇帝が輿《こし》に乗って出御し、太極殿の御座に着座する。そして、まず、皇太子が太極殿の西階段を昇って皇帝の御座の前に進み、皇帝に祝賀を述べて平伏し、立ちあがって階段を降り、殿庭の版位に戻り、その後に太極門から退出した。

ついで、群官の朝賀がはじまった。通事舎人が三品以上の王公（上公）以下と客使らを率いて殿庭に入り、版位につかせた。その後に通事舎人が上公のみを太極殿の西階段まで導き、解剣席で沓《くつ》を脱ぎ、剣を解いて階段を昇り、皇帝の御座の前で賀を申上した。終わると階段を降り、剣をつけ殿庭の版位に戻った。他の官人らは階段の下で賀を進上した。

また、韓国では、ソウルに李朝の景福宮がある。その正殿の勤政殿の前に、東西二列に石製の版位を配列している。これらの版位は、長方体をなしている。他に李朝の昌徳宮の仁政殿、昌慶宮の明政殿（図10）、徳寿宮の中和殿の前庭に、方柱形の版位を二列配している。

図10　朝鮮王宮の昌慶宮・明政殿前に並ぶ版位

図11　ベトナム・グエン王宮に並ぶ版位

また、ベトナムの旧都のフエに、一八〇二年から一九四五年まで存続したベトナム最後のグエン（阮）朝の王宮があった。このグエン王宮の太和殿の前庭にも、石製の版位が配列されていたのである（図11）。

5　平城宮・京の官人と休暇

中央官人の休暇

平城宮は、奈良時代に多くの官人らが勤務した中央官衙《かんが》であった。この平城宮に務める官人たちは、現在の公務員のように、休暇を与えられていた。この休暇は、『養老假寧令《けにょうりょう》』に規則が記されている。

それによると、平城宮や平城京の行政を担っていた左右京職の官人らには、六日ごとに一日の休暇があった。ただし、天皇の詔勅《しょうちょく》などを発布する最も重要な政務を担った中務《なかつかさ》省《しょう》、天皇・皇室に関連する政務を担った宮内省の官人らは、六日ごとではなく、月に五日まとめて交替で休みをとっている。

平城宮の宮城内部と宮城門の警固などを担った五衛府《ごえふ》（衛門府・衛士府・兵衛府）の武官の官人らも、交替でまとめて五日の休暇をとっていた。また古代には官人らも、一定面積の水田が班給されていたので、田植えする五月と収穫する八月には一五日の休暇が与えられていたのである。

また、平城宮の文官と武官には、地方出身の者も少なくなかったのである。そのため、平城宮に勤務する官人のうち、畿外の出身の官人に対しては、父母に会うために、三年に一度は三〇日の休暇が与えられた。これは往復の旅行日をふくまない日数であった。

そして、身内や親族が亡くなったときの葬儀に対しても、休みがあり、これは祖父母の喪に三〇日、妻や兄弟姉妹の喪に二〇日の休暇がとれた。しかし、父母が亡くなったときは解官（官職を解く）すると述べている。父母の葬儀には、三〇日以上の休みを必要とするのでいったんは休職させ、その葬送儀礼が済んだ後に、復職させたものと推測される。

さらに現在の公務員と同様に、年休に相当する休暇もあった。これは五衛府の五位以上の者は三日、三位以上は五日、五位以上は一〇日が認められていた。六位以下の官人の日数は記されていないが、勤務する諸官庁に請暇解《せいかげ》（休暇願）を提出し、そこで処理されたものと思われる。

地方官人の休暇

ところで、平城宮や平城京ではなく、大宰府《だざいふ》の官人として、あるいは各地に国司として国衙《こくが》に勤務した官人もいた。その場合、国衙での任務が終わると、つぎの任務につく前に身支度するための休暇が与えられていた。これは近国（近江・伊賀・播磨など一七国）では二〇日、中国（遠江・駿河・信濃など一六国）は三〇日、遠国（相模・武蔵・陸奥など一八国）は四〇日が与えられている。しかし、すでにつぎの任務が決まっていた場合は、そのまま任国を離れている。

図12　官衙の官人たち（早川和子氏画）

そして国司の中には、勤務した国衙の地で、みずから水田（荘園）を営むこともあり、その場合は、収穫を終えてから平城宮に帰還することも認められていた。しかし、つぎの任務が決まっていたときは、収穫を待たずに新たな任務に向かっている。

休暇願の内容

また、奈良時代の官人らも、与えられた規定の休暇の他に、個人的な事情で休暇を取らざるをえなかった。その際には、現在の公務員と同様に、所属する官司に請暇解を提出している（図12）。

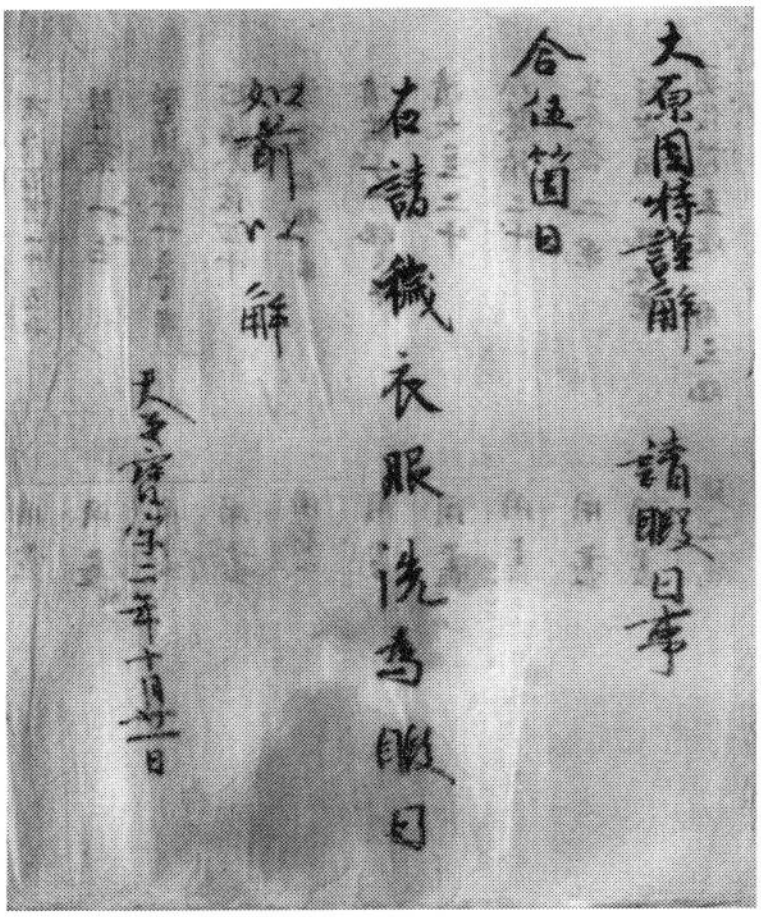
大原国持謹解　請暇日事
合伍箇日
右請穢衣服洗為暇日
如前以解
天平宝字二年十月廿日

図13　大原国持の休暇願
（正倉院文書続修巻20）

さて、東大寺の盧舎那仏（大仏）の造立は、新たに設けた造東大寺司が担当している。この造東大寺司には皇后宮職に設けられていた写経所も置かれ、恒常的に多くの経典を写経する事業をおこなっていた。そのため、文字を書くのに堪能な各省の下級官人らが派遣され、写経生として勤務していた。『正倉院文書』には、写経生らが休暇を願い出た請暇解が多くふくまれている。以下、請暇解に記された休暇の理由を少し列記する。

大原国持は汚れた衣服を洗濯するため、天平宝字二年（七五八）十月に五日間を請求（図13）、山部吾方麻呂は盧《いほ》が壊れたので同四年（七六〇）九月に四日間を請求、美努人長は母親の胸の病気を治療するため同四年九月に三日間を請求、秦家主は家の物が盗られたので同四年九月に三日間を請求、十市倭麻呂は腰の病で起居が思うようにならないので、同五年（七六一）正月に四日間を請求、占部忍男は写経に一区切りできたので、神護景雲四年（七七〇）七月に三日間を請求、丸部豊成は兄が亡くなり、同年八月に一〇日間を請求、氏部小勝は神社の祭りのため、宝亀二年（七七一）四月に三日間を請求するなど、じつに多くの写経生によって請暇解が提出されている。

これらの写経生による請暇解は、古代史家の栄原永遠男氏によると二四八件もあり、本人もしくは家族の病気が四割で最も多く、他の要因としては、おこなっている写経の切りがよい、仏事・弔事・神事によるもの、作業着を洗濯するため、盗難に遭遇したため、台風で家が破損したなどで休暇を求めている（栄原一九九一）。

待遇改善の要望文

この写経所での勤務に関連するものの一つに、『正倉院文書』には、養老七年（七二三）から天平一一年（七三九）ごろの造東大寺司が設置される以前にあった写経所で、待遇改善の要望文を推敲した案文《あんもん》（下書き）が残っている。それには、写経したものを表装する装潢生《そうこうせい》、校正する校生らの食事にだされている黒飯に対する改善、薬として酒をふやすこと、『養老假寧令』に記すように、写経生にも毎月五日間の休暇を要望することなどを記している。この要望文は、案文なので、はたして提出されたのかどうか不明であるが、休暇の要望は、その後にできた造東大寺司の写経所でも改善されていなかったようである。

休みなしの激務

他に、官人たちの勤務の実態がよくわかる例に、天平宝字五年（七六一）末から六年に、造東大寺司がおこなった近江の石山寺の大増改築工事がある。石山寺は、元は庇のない小規模な本堂と雑舎三棟のみが建っていた。それを天平宝字五年一〇月、保良宮・京への遷都にともない、石山寺で写経事業を進めるため、本堂の大増築、写経所をふくめ二六棟を構築することになったのである。造東大寺司は、石山寺に主典の安都雄足《あとのおたり》を別当として派遣し、建物の造営部門は下道主《しものみちぬし》、写経部門は主として上馬養《かみのうまかい》が書記の案主《あんず》の業務を担当し、一年未満の期間で、ほとんどの建物を構築している（福山一九四三）。

この造営中、最も多忙を極めた天平宝字六年（七六二）四月の工人ら三四人の上日（出勤日）をみると、木工・鉄工・土工部門の領《うながし》（統率者）、木工部門の工人らの大半が、昼は二七日・二八日、夕も二七日・二八日の出勤になっている。まさに午前と午後を兼務して石山寺の造営をおこなっており、ほとんど休暇なしの激務だったので、彼らには要劇料《ようげきりょう》という特別手当が支払われていたのである。

6　平城京の官人と宅地

都の宅地

古代の日本で、初めて王宮の周辺に官人らが集住する京が成立したのは藤原京であった。『日本書紀』持統五年（六九一）一二月八日条に、藤原京での宅地は、右大臣は四町、直広弐《じきこうに》以上は二町、大参《だいさん》以下は一町、勤《ごん》以下の官位の者は戸の人数により、上戸は一町、中戸は半町、下戸は四分の一、王もこれに准ずることが記されている。

平城京で宅地を班給した基準を記した史料はないが、藤原京に准じて、三位以上が四町、四位が二町、五位が一町、以下は二分の一町、四分の一町、八分の一町などが与えられたものと推測されている。

一九六〇年代後半から、平城京域でも開発が著しく進展し、それにともなって京内で事前の発掘調査があいついでおこなわれ、かつて官人たちが居住した多くの宅地の実態が明らかになっている。

長屋王の宅地

その発掘された最も著名な宅地は長屋王邸である。見つかったのは、左京三条二坊一坪・二坪・七坪・八坪の四町に広がるものだった。この長屋王邸では、中央部とその西に、大型建物を中心に、複数の付属する建物を配した一郭がある。これらは長屋王と吉備内親王の家政機関としての政所《まんどころ》的なものと推測されている。また、東にも大型建物をふくむ一郭がある。そして、その北には長屋王家の生活を支える施設と長屋王家による経済活動を担った雑舎が検出されている。

つぎに、二町の宅地の例は、左京三条一坊一五・一六坪、左京一条三坊一三・一四坪など五例、さらに一町の宅地の例は左京三条二坊五坪、右京八条一坊一三坪など八例が見つかっているが、右京は一ヵ所のみである。さらに、左京八条三坊九坪の発掘では、八分の一町、一六分の一町の広さの宅地も検出されている。

このような、これまでの官人らの宅地の発掘からみると、一町規模のものは、左京で多く検出されており、また五条から北に集中していたこともわかる。

さて、平城京は東西四・三キロ、南北四・八キロ、その東に外京をともなっていた。平城京の官人たちは、宅地から勤務地の平城宮に設けられた八省の官衙《かんが》（官庁）に通ったのである。

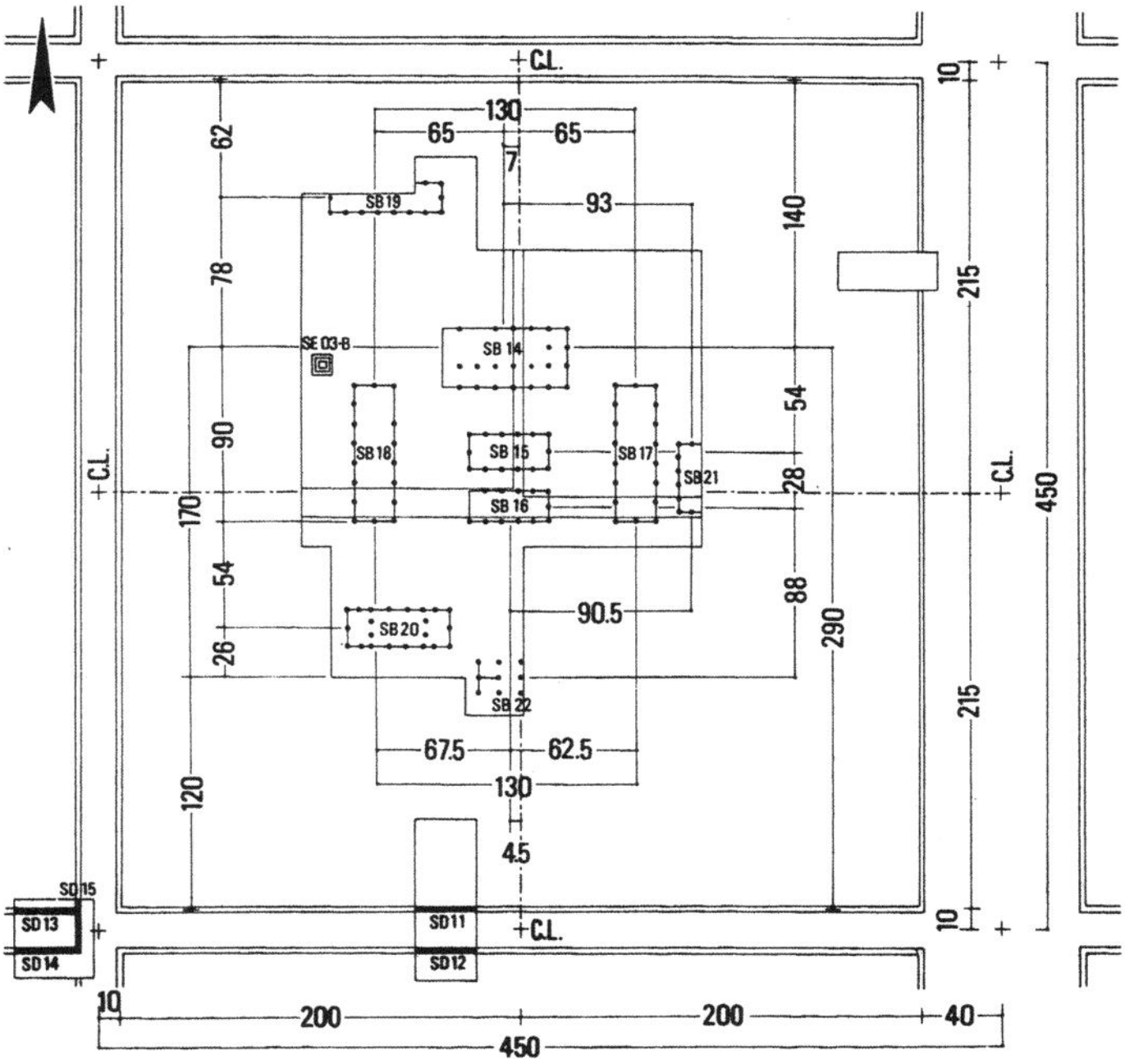

図14　平城京左京五条二坊一二・一三・一四坪の宅地
（奈良市教育委員会『奈良市埋蔵文化財調査報告書　昭和54年度』1980年）

一町規模の宅地では、庇をもつ中心的な機能を果たしたとみなされる大型の建物があり、さらに中・小の建物が集中し、複数の空間に区画されている。また、左京五条二坊一四坪（図14）の宅地では、中央部に東西棟の大型建物を配し、その南に小型の東西棟建物を二棟配し、左右に南北棟建物は対称に構築している。これらは高位の官人の宅地と推測されるものである。また、左京五条一坊一・八坪の宅地（図15）は、西は朱雀大路、北は四条大路に面するもので、一坪の中央部に南北に前殿と後殿を配し、塀をめぐらしている。そして、その周囲に付属する建物が検出されており、ここでは二坪に及ぶ宅地であったものと推測される。その他に、京内に設けられた離宮的なものといえば、長屋王邸の南にあたる左京三条二坊六坪では、Ｓ字状をなす苑池をともなう建物群が検出されており、史跡宮跡庭園として保存し、活用されている。

官人の宅地

このような平城京に居住した奈良時代の官人たちの宅地は、近江俊秀氏の『平城京の宅地事情』（吉川弘文館　二〇一五）に、一二五人の官人の宅地所在地を記した一覧表が収録されている。これらは、『続日本紀』『正倉院文書』『万葉集』、さらに小治田安麻呂、太安萬侶のように墓誌の記載から知りえたものなどがふくまれている。

しかし、今日、平城京域を歩いてみると、発掘調査で明らかになった一町規模のひろがりをもつ官人らの宅地跡は、史跡宮跡庭園の他は、一ヵ所も保存し、残されていない。今日の私たちが古代の官人らの一町規模の宅地を眼で見ること、また歩いてみて体験するためにも意図的に保存し、残す必要があるであろう。

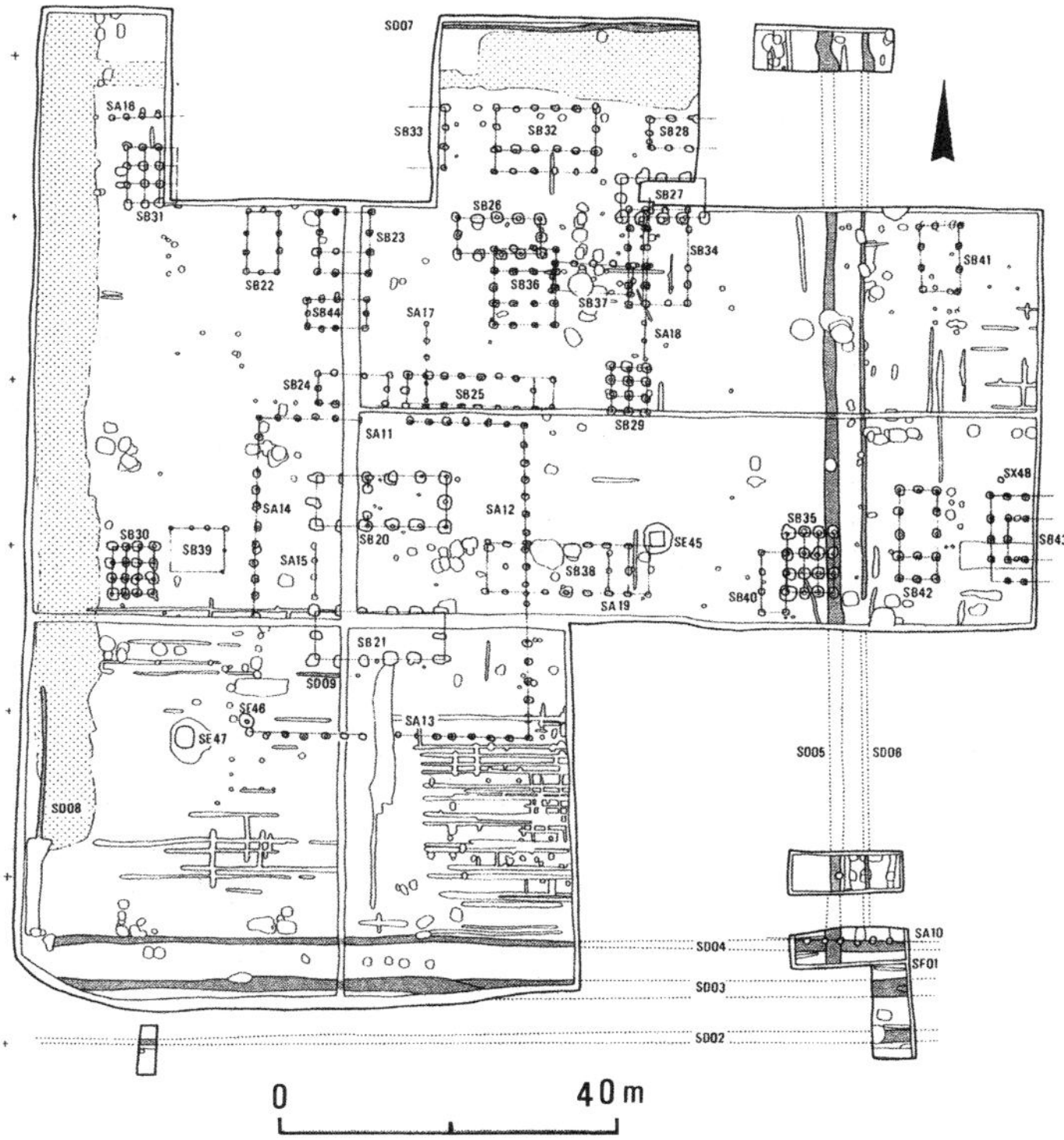

図15　平城京左京五条一坊一・八坪の宅地
（奈良市教育委員会『奈良市埋蔵文化財調査報告書　昭和59年度』1985年）

藤原不比等の宅地

ところで、平城京に初期に居住した注目される官人に右大臣の藤原不比等がいる。不比等の邸宅は、『続日本紀』天平神護二年（七六六）一〇月二〇日条に、称徳天皇が法華寺は外祖父の藤原不比等の家であると述べているように、平城宮の東隣に宅地があった。これまでの概説書には、不比等の宅地は六坪（町）、あるいは七〜八坪（町）を占めたとするものもあるので、検討する必要がある。

この不比等の宅地は、近江俊秀氏によると、養老四年（七二〇）、不比等が没した後は、首《おびと》皇太子の後見を託された藤原房前《ふささき》が居住もしくは管理したとされている（近江二〇一五）。この房前も、天平九年（七三七）四月、天然痘で亡くなったので、不比等の娘の光明皇后の御在所になった。その後、東大寺の大仏殿が完成すると、光明皇太后は、『正倉院文書』の「造法華寺金堂解」に記すように、天平宝字三年（七五九）、光明皇太后の御在所に、法華寺金堂の造営を計画している。この造営は造東大寺司が担うことになり、主典の安都雄足が別当として派遣され、華麗な金堂の造営を進め、翌年には完成している。

ところが、金堂造営の中心となっていた光明皇太后は、じつは金堂の完成をみずから見ることなく、天平宝字四年六月七日に没している。そこで、光明皇太后の一周忌の斎会《さいえ》をおこなうため、新たに阿弥陀浄土院が造営されている。この阿弥陀浄土院は、福山敏男氏によって推測されているように、法華寺の南に隣接して設けられている。そして、天平宝字五年（七六一）六月七日、光明皇太后の一周忌が法華寺の南に建てられた阿弥陀浄土院でおこなわれている。

このような経過からみると、藤原不比等の邸宅は、当初の法華寺の寺域に相当するもので、官人への班給の基準通り、四坪（町）を占めていたと理解される。その後、さらに光明皇太后のために苑池をもつ阿弥陀浄土院が法華寺の南に建てられたので、法華寺の寺域が七町ないし八町に拡大したと推測されるのである。

藤原仲麻呂の宅地

さて、奈良時代の後半の官人、紫微《しび》中台《ちゅうだい》・坤宮官《ごんぐうかん》の長官であった藤原仲麻呂の邸宅は、田村第《たむらのたい》と呼ばれている。この田村第は八町の敷地を有する邸宅に推測されている。天平勝宝四年（七五二）四月九日、大仏開眼会がおこなわれたその日の夕方、孝謙天皇は仲麻呂の田村邸に赴いて宿泊し、さらに一時的に御在所にしている。

また、天平宝字元年（七五七）四月四日、聖武太上天皇の遺詔によって、皇太子となった道祖王《ふなどおう》をやめさせている。そして、それ以前に仲麻呂が亡き真従の妻であった粟田諸姉《あわたのもろね》と結婚させ、しかも田村第に居住させていた大炊王《おおいおう》（後の淳仁天皇）が皇太子となり、平城宮に迎えられている。

その翌月の五月四日、孝謙天皇は平城宮を改修のため、一時的に田村第を御在所にしている。この田村第は、岸俊男氏による文献、小字などの研究によると、左京四条二坊九～一六坪の八町を占めていたと推測している。このように田村第が八町の敷地を有していたとすると、この邸宅は、藤原不比等、長屋王邸の二倍ということになる。しかし、これは官人が班給される宅地の基準を大きく超えることになる。

そこで、私は仲麻呂が班給された当初の宅地は四町だったと推測する。しかし仲麻呂は、ある意図から天平勝宝四年（七五二）以前に、南の四町の居住者に対し、他の地と交換もしくは購入して宅地を八町に拡大して整え、前述したように、その南の四町を孝謙の御在所に提供したものと推測する。また、大炊王が一時的に居住した田村第も、同様に南の四町の邸宅であったと思われる。

このように、仲麻呂の田村第は、八町を有したとはいえ、仲麻呂が当初に居住し、みずからの家政機関や諸施設を設けたのは北の四町で、『続日本紀』宝亀八年（七七七）九月一八日条によると、そこに仲麻呂は周囲を監視する望楼を東西に建てていたのであろう。

7　長屋王邸に所在した北宮

長屋王邸の発掘

一九八八年（昭和六三）九月から八九年（平成元）五月まで、平城京左京一・二・七・八坪の地が奈良国立文化財研究所によって発掘されている。これはデパート建設にたいする事前調査であった。この発掘調査の結果、多数の掘立柱建物群と区画する塀の遺構が検出されている。そして調査対象地の中央南寄りで中央内郭、その西と東で西内郭、東内郭を構成する殿舎が配置されていたことが判明した。

これらのうち、中央内郭は、北と南に庇《ひさし》をつける大型の東西棟の中心殿舎があり、その東に南北棟の脇殿を建て、その前に広い庭、その東に南北棟の脇殿を配していた。西内郭にも少し小規模な中心殿舎と庭、その東に脇殿が構築されていた。また、中央内郭の東には東西棟建物が南北に数棟が配されている（図16）。

これらの発掘調査の終わりに近い一九八九年五月、調査地の東端部から溝状をなす長さ

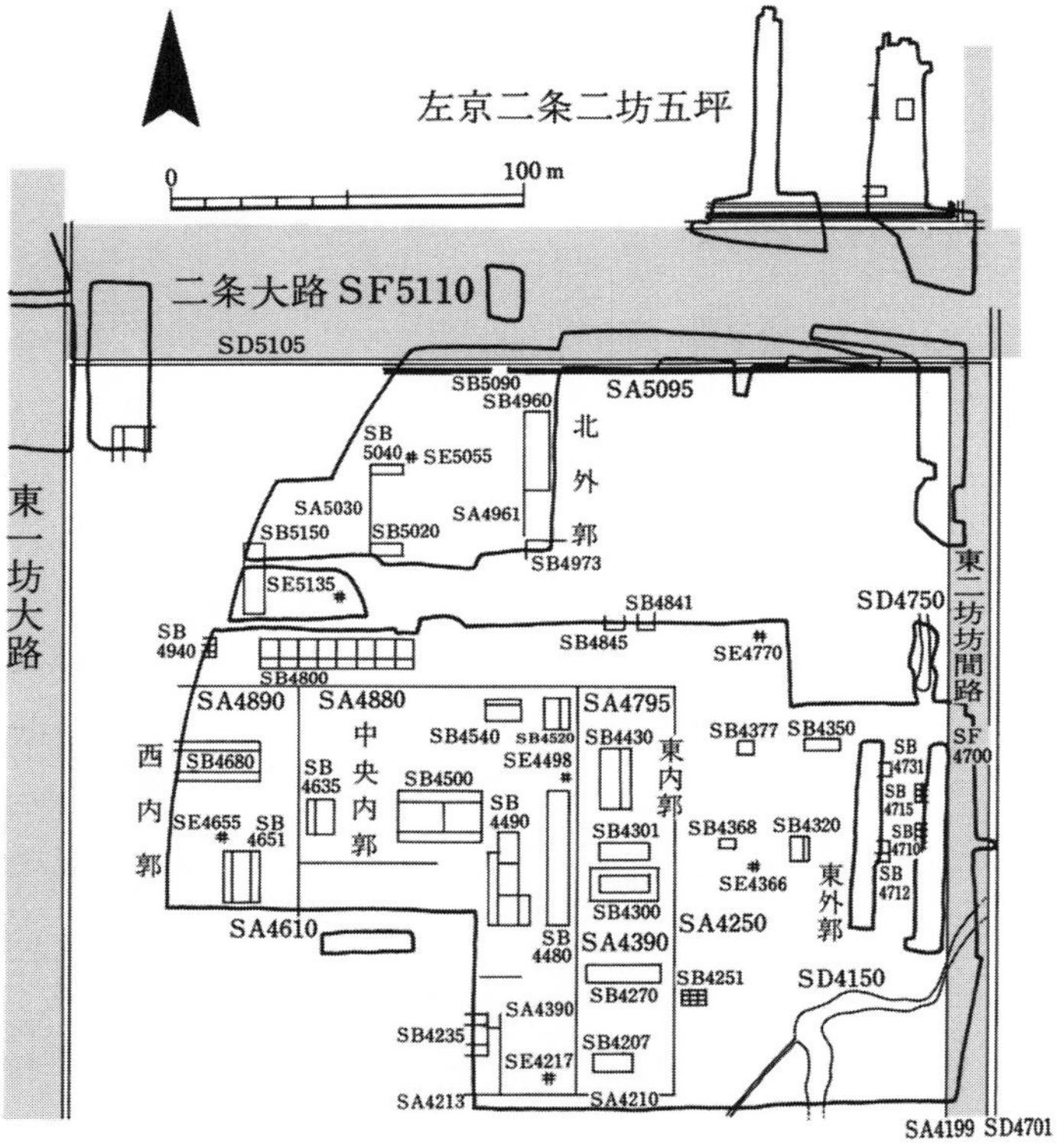

図 16　長屋王邸宅の遺構
(奈良国立文化財研究所編『平城京　長屋王邸宅と木簡』吉川弘文館、1991年)

二七・三メートル、幅三〜三・四メートルの長大な土坑ＳＤ四七五〇が検出され、じつに三万五〇〇〇点余の木簡が出土した。これらの大量の木簡群は、和銅三年（七一〇）から霊亀二年（七一六）の年紀を記すものがあり、霊亀二年末にこの土坑に投棄されたと推測されるものであった。

出土した大量の木簡のなかには、「長屋親王宮鰒大贄十編」と記すもの、また吉備内親王、円方若翁《まどかたのわかみたふり》、膳若翁《かしわでのわかみたふり》など長屋王の子の名前を記すものがあり、ここに長屋王の邸宅があったことが判明している。そして、初めて平城京に居住した人物の宅地の実態が明らかになったのである。

長屋王邸の家政機関

このように、ここに長屋王邸があったことを踏まえると、中央内郭は長屋王の御所、西内郭は吉備内親王の御所、さらに家政機関に関連する東内郭が設けられていたものと推測される。

出土した木簡には、多くの家令の職員を記したものがある。この家令は『養老職員令』に、親王・内親王、三位以上の者の家政機関の家令所に派遣され、事務や会計などを担った官人たちである。

また長屋王家には家令所の下部組織として、長屋王家の人びとの日常生活を支えるための主殿司、大炊司、膳司、酒司などの司、また長屋王家で使用する金属製品をはじめ、木製品など諸雑器を製作する所、衣服などを作る縫殿などがあった。そして、必要に応じて金工工人、木工工人、縫女・染女、さらに土器を作る土師女、奈閉《なべ》（堝）作の女性など多くの工人たちが訪れ、諸雑器を製作する作業をしていた。さらに、経営部門として、山背薗司・片岡司・木上司・都祁氷室《つげのひむろ》など、十余ヵ所に水田や薗地、また都祁で氷室を管理していた。

さて、家政機関として重要な家令所に関連する木簡には、家令、家扶《かふ》、家従《かじゅう》、少書吏《しょうしょり》が署名したものが多く出土している。この家令職員としては、従三位の長屋王は家令一、書吏二の三人、吉備内親王は家令一、家扶一、家従一、書吏一の四人が与えられることになっていた。

しかし、たとえば表に「吉備内親王大命以符　婢筥入女進出」、裏に「五月八日少書吏国足　家令　家扶」と記された木簡がある。これは吉備内親王の家令所からだされた符の木簡とすると、三品であった吉備内親王の家令所が、一品・二品のみに配属される大書吏、少書吏を擁するのは、家令職員の規定と合わないことになる。この他にも大書吏、少書吏が発給した木簡がいくつか出土しており、これをどのように理解すべきなのかという課題が提起されている。

働いていた人びと

また長屋王家には、官位に応じて与えられた資人六〇人、吉備内親王にも六〇人の帳内と呼ぶ人たちがいた。かれらは舎人の身分で官人として扱われ、長屋王家の家政機関に所属する部署で働いていた。長屋王家は、長屋王家の邸宅の部署を中心としながらも、山背薗司・片岡司・木上司・都祁氷室など水田や薗地、さらに都祁に設けた氷室なども経営しており、これらの部署にも資人・帳内の人たちは派遣されていたのである。

このように、長屋王家には、家令職員と帳内・資人と呼ばれた舎人たち、また日常生活に必要な諸雑器の製作にかかわった技術系の多くの工人たちが働いていた。さらに、かれらに米・飯を支給した木簡、勤務した日を記録した木簡などが多く出土している。そして、これらの木簡の中には、「雅楽寮移長屋王家家令所　平群朝臣廣足右人請因倭儛」と、雅楽寮が家令所に、平群朝臣廣足を倭舞の名手として要請したものがある。

また、その一例に、ここで働いていた舎人に小治田御立がいる。御立は、出土した木簡によると、和銅七年（七一四）九月二五日に長屋王家に召集された四人の一人であった。彼は二九歳で、長屋王の資人、もしくは吉備内親王の帳内として出仕している。御立は、工

図17　出雲臣安麻呂の勤務日数を記した木簡（奈良文化財研究所所蔵、ColBase〈https://colbase.nich.go.jp/〉）

人の部局の事務を担当し、官人がつける腰帯《ようたい》を作る腰帯師二人、煮炊き用の土師器の堝を作る土師女一人に、米を支給する部署から米を受け取って運んでいる。そして、二月から御立の出勤日を記した木簡が出土しており、これによると、その出勤の大半は二七日以上であった。

さらに、注目された木簡に、「无位出雲臣安麻呂　年廿九 山背国乙当郡　上日　日三百廿 夕百八十五　并五百五」と記された出雲臣安麻呂の勤務日数を記したものがある（図17）。この安麻呂は、現在の京都市上京区の出雲路付近の出身で、二九歳であった。『正倉院文書』の神亀三年（七二六）山背国愛宕郡雲下里《おたぎぐんうんげり》計帳に、戸主の大初位出雲臣筆の家族として、「男大初位下出雲臣安麻呂　年肆拾弐歳　正丁眉黒子北宮帳内」と記されている。

この計帳は、長屋王家の木簡に記されたときから一三年後のものである。木簡には無位と記された安麻呂は、大初位下の官位を有し、継続して長屋王家にあった北宮の帳内として働いていたことがわかる。

「北宮」とは何か

この安麻呂が働く北宮は、長屋王木簡でも「北宮交易美嚢郡矢田部法三斗」、表に「北宮□」、裏に「阿知（鯵）贄五斗」と記すものなど一〇余点の荷札・付札が出土しているので、長屋王家に北宮と呼ぶ宮が所在したものと推測される。長屋王家木簡には、他に西宮と記すものがあり、この西宮は吉備内親王の宮が、その位置から呼ばれたものと考えられている。しかし北宮の性格は不明である。

さて、これまで述べたように、長屋王家邸宅には長屋王の御所、吉備内親王の御所、家政機関の家令所があったが、北宮の性格がなお不明で問題になる。さらに前述したように、長屋王家木簡には三位の長屋王、三品の吉備内親王の家令所ながら、一品・二品、あるいは二位以上にのみ配属される大書吏・少書吏と記す木簡が出土しており、家令の職員規定と抵触することが問題になっている。

この二つの課題の解明に取り組んだものに、以下のような八木充《あつる》氏による研究がある（八木二〇〇九）。八木氏は木簡の発給した人、物品を支給した責任者の職名・人名からみると、長屋王邸の敷地内には、少なくとも二品の親王または内親王の家令所が存在したものと推測している。そして、長屋王に関連する皇親と宮の呼称も検討し、その結果、北宮は和銅五年（七一二）の長屋王願経に記された巻末の跋《ばつ》語の末尾に、「用紙十六張　北宮」と記されていること、また、前述した神亀三年（七二六）の出雲郷雲下里計帳に、出雲臣安麻呂が北宮の帳内と記されていることなどからすると、北宮は没年が不詳である長屋王の母である御名部皇女《みなべのひめみこ》（天智の娘）の居所であったとしている。

そして、八木氏は、藤原京では御名部皇女の夫である高市皇子の宮が香具山山麓にあったので北宮と呼ばれたという先行研究をもとに、御名部皇女は二品相当の官位を有し、長屋王邸内に北宮の家令所が存在していたものと推測している。

長屋王家木簡には、天智が建てた近江の志賀山寺にあて、「都保菜《つぼな》造《つくりて》而遣《つか》」わせと記すものもあり、これも御名部皇女の存在と関連するものと推測され、八木氏の考えは妥当な見解と思われる。

8　皇后宮職の活動と変貌

皇后宮職の組織

奈良時代には、藤原氏出身の光明子が皇后となったので、律令には記されていない皇后《こうごう》宮職《ぐうしき》の官司が付設されている。この官司は中務省《なかつかさしょう》に所属し、令外官なので職員令には組織の規定がみられないものである。

皇后宮職の組織は、『続日本紀』や『正倉院文書』によると、四等官は大夫一人、亮一人、大進・少進一人・大属・少属はいずれも二人と想定され、『養老職員令』中宮職の組織にならったものと推測されている。そして、これらの四等官の下に史生《ししょう》、舎人《とねり》、仕丁《しちょう》と奴婢が配されていた。

この皇后宮職に配置された史生の職種は、八省と太政官、弁官、主税寮など文書処理の多いところに配される職種である。これは和銅・養老年間には内蔵寮・大炊寮・大膳職・木工寮などにも史生が増設されており、皇后宮職も皇后宮へ伝達事務を担いながらも、今

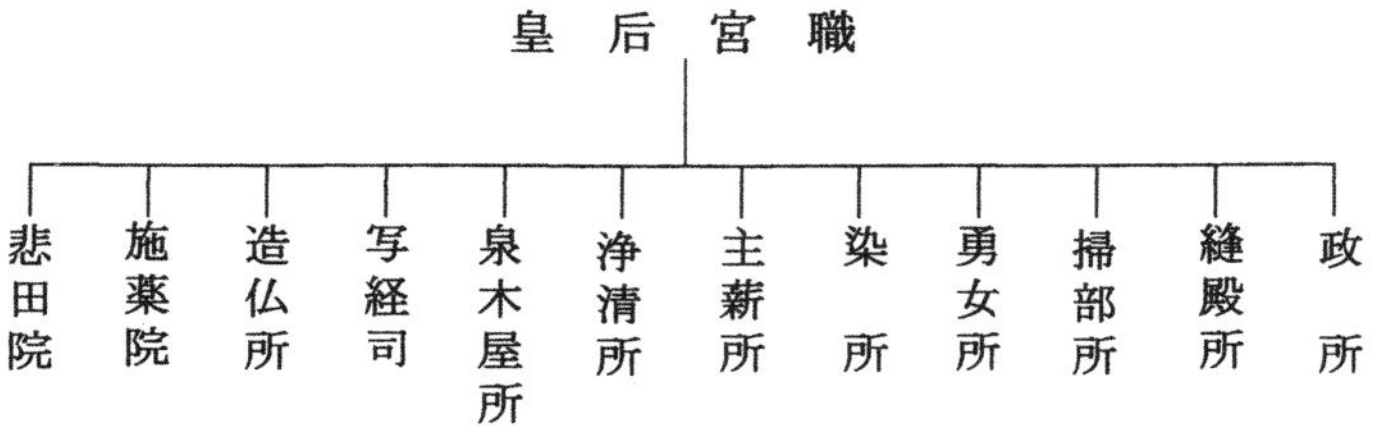

図18　皇后宮職の組織

（鬼頭清明『日本古代都市論序説』法政大学出版局、1977年）

日でいう現業的な業務部門もふくんでいたのである。

皇后宮職と写経事業

さて、『正倉院文書』天平三年（七三一）八月一〇日付の「皇后宮職解」には、写経をおこなった新家大魚《にいえのうおな》が勤務した日数を報告している。また同年の写経目録にも、皇后宮職に所属する大蔵忌寸の名が記されている。さらに天平一〇年（七三八）三月三〇日付の「写経司啓」の文書があり、皇后宮職には写経事業をおこなう写経司が天平一〇年には設けられている。そして、この写経司の専当者に皇后宮職から高屋赤麻呂が派遣されていた。

皇后宮職の下部組織を検討した鬼頭清明氏によると、この官衙は、a政所、b縫殿所 c掃部所《かもんどころ》、d勇女所、e染所、f主薪所、g浄清所、h泉木屋所、i写経司、j造仏所、k施薬院、l悲田院などから構成されていた（鬼頭一九七七）と復元されている（図18）。これらのうち、a〜

hは、皇后宮が日常的に運営するために必要なもの、i・k・lは光明皇后の考えや思想による活動にともなって設けられたもの、jは光明皇后の母の県犬養《あがたいぬかい》橘三千代が天平五年（七三三）正月一一日に没したので、藤原氏の氏寺である興福寺で一周忌の斎会をおこなうために、新たに西金堂の造営を担当した部署である。このとき、仏像、灌頂蓋、三彩陶器などを作成した「造仏所作物帳」の文書が『正倉院文書』に残っている。

皇后宮職の経済基盤

皇后宮職の経済基盤は、律令制官衙の財政のたてまえとして、大蔵省から支給された財源をもとに運営されている。しかし、他の一般的な官司とは少なからず異なる経済基盤があった。その一つに封戸を所有していた。この封戸は、『養老禄令《ろくりょう》』食封《じきふ》条によると、中宮職は湯沐《とうもく》（皇太子・中宮の資養用）二〇〇〇戸の封戸があり、皇后宮職の場合も、「相模国封戸租交易帳」に、食封一〇〇〇戸、田三九町四段三四七歩とあり、そのうち一〇〇戸は足下郡《あしがらしもぐん》垂水郷と余綾郡《よろぎぐん》中村郷にあった。また「駿河国正税帳」には、皇后宮へ交易して貢進した交易雑物として、煮堅魚《にかつお》三二〇斤と味葛煎《あまずらせん》（甘味料）二斗が記されている。

さらに鬼頭氏によると、宮裏、山口庄、櫟本庄への粟、籾の収納状況を検査して報告した文書があるので、皇后宮職は庄という私的に経済活動の基盤を有しており、他の律令官司とは異なり、高い自立性をもっていたとしている。つまり、これらは皇后宮職の私的な、家産的な性格を強くもっていたと推測している。

このような皇后宮職の下部組織の活動では、とりわけ書物の書写や写経事業、さらに造仏事業が注目される。これらのうち写経事業は、聖武天皇によって平城京の東で盧舎那仏の造立が開始した前後に、造東大寺司に写経所が設けられ、引き継がれている。造仏事業も、東大寺の盧舎那仏の造立を契機にして、造東大寺司によって継承されたのである。

紫微中台への組織替え

天平二一年（七四九）七月二日、聖武は、皇太子の阿倍内親王に譲位し、孝謙天皇が即位した。その一ヵ月後の八月一〇日、皇后宮職は紫微中台《しびちゅうだい》に組織替えしている。この紫微中台は、長官の紫微令を大納言の藤原仲麻呂が兼任し、他は旧の皇后宮職の官人らが任じられ、さらに参議や式部省、衛府の官人も兼任している。

紫微中台は、八省の筆頭である中務省より上位にあり、太政官につぐ位置を占め、それまでの皇后宮職より一段と高いものになった。この紫微中台の名称は、唐の玄宗皇帝のときの紫微省（中書省）、また高宗・則天武后時代の中台（尚書省）、もしくは渤海国の中台省などにならったものと推測されている。

紫微とは古代中国の天文学では、北斗星の北にある天帝の居所の星座で、天子・天位を意味するものである。皇后宮職を紫微中台に変更したのは、孝謙の即位にともない、光明皇太后が補佐して大政をおこなう政治機関としたものであった。そして太政官の中務省に代わり、詔勅奏啓をだしうるようにしたのである。皇権のシンボルである鈴璽《れいじ》も皇太后宮に置かれていた。

天平宝字二年（七五八）八月、官司の名称が全面的に変更されたのであるが、太政官を乾政官《けんせいかん》と呼び、紫微中台を坤宮官《ごんぐうかん》と改称し、まさに乾・坤と対置する政治機関になったのである。

紫微中台長官・藤原仲麻呂

このような紫微中台の長官に、仲麻呂が任じられ、左大臣の橘諸兄、右大臣の藤原豊成に対抗する政治的権限を与えられたのである。

ところで、聖武は天平勝宝八歳（七五六）五月二日に没し、五月一九日に佐保山陵に埋葬された。そして、七七日にあたる六月二一日、聖武の遺愛の調度品や薬物などが東大寺に献納されている。これが「正倉院御物」と呼ばれるものである。これには紫微令の藤原仲麻呂、中務卿の藤原永手、紫微少弼の巨萬福信《こまのふくしん》、紫微大志の賀茂角足、紫微少忠の葛木

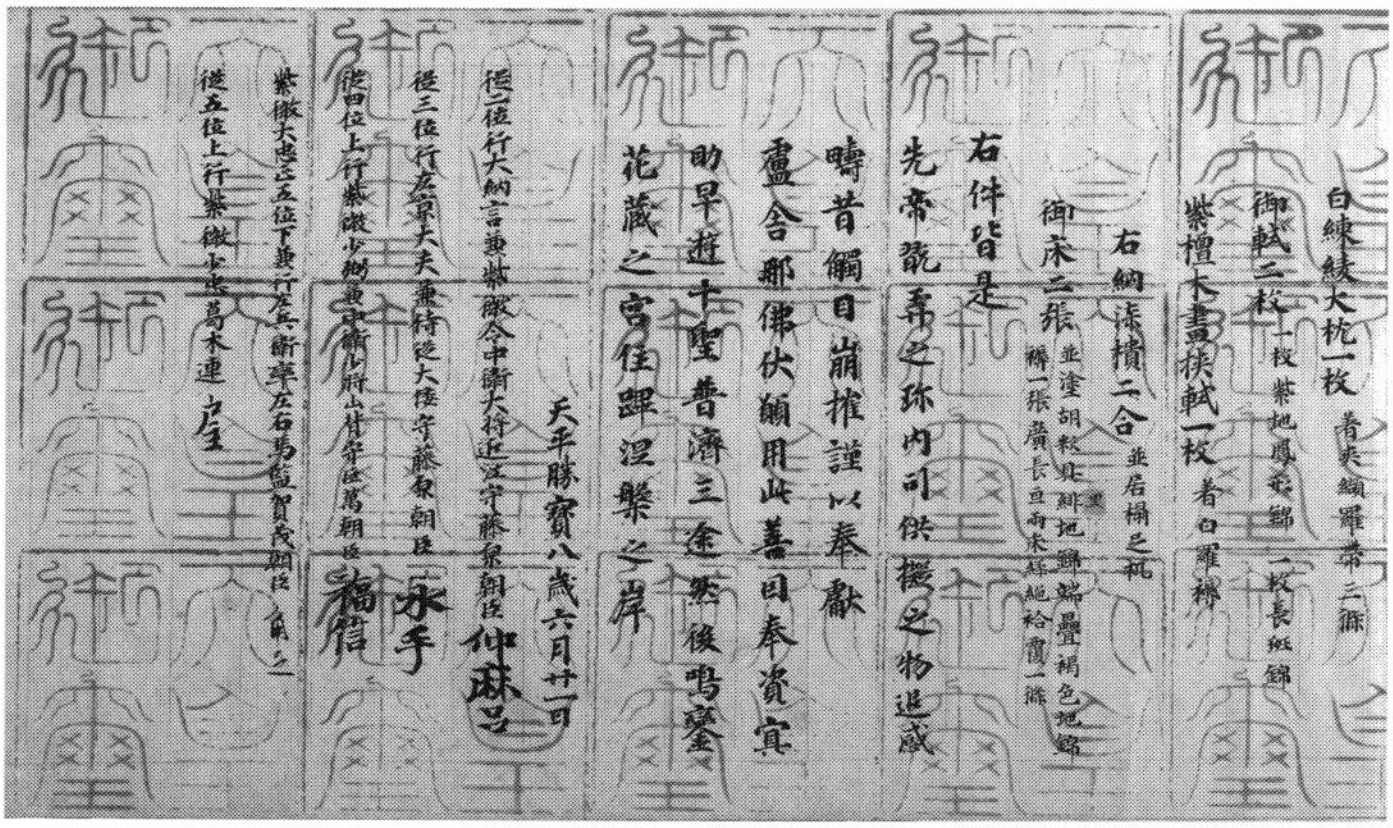
白練綾大枕一枚 著夾纈羅帯三條
御軾二枚 一枚紫地鳳形錦 一枚長斑錦
紫檀木画挟軾一枚 着白羅褥
右納漆櫃二合 並居榻足机
御床二張 並塗胡粉 其上敷黒紫地錦端畳 褐色地錦褥一張 黄長且両末縁絁袷覆一條
右件皆是
先帝翫弄之珍 内司供擬之物 追感
曩昔 觸目崩摧 謹以奉獻
盧舎那佛 伏願用此善因 奉資冥
助 早遊十聖 普濟三途 然後鳴鑾
花蔵之宮 住蹕涅槃之岸
天平勝寶八歳六月廿一日
従二位行大納言兼紫微令中衛大将近江守藤原朝臣仲麻呂
従三位行左京大夫兼侍従大倭守藤原朝臣永手
従四位上行紫微少弼兼中衛少将山背守巨萬朝臣福信
紫微大忠正五位下兼行左兵衛率左右馬監賀茂朝臣角足
従五位上行紫微少忠葛木連戸主

図19　紫微令・藤原仲麻呂らが署名した国家珍宝帳
（東大寺献物帳、正倉院宝物）

戸主らが署名している（図19）。これらの署名者は藤原房前《ふささき》の第二子の永手を除くと、光明皇太后の夫帝の御物に関連するものとはいえ、いずれも紫微中台の官人らであった。ここにも光明皇太后の実権と藤原仲麻呂の権勢がよく示されている。

さて、天平勝宝九歳（七五七）三月二九日、聖武の遺詔によって、立太子した道祖《ふなど》王《おう》が廃され、舎人親王の第七子の大炊《おおい》王《おう》が立太子している。そして、天平宝字二年（七五八）、光明皇太后は病床に臥している。このような状況のもと、八月一日、孝謙は母の看病のため、皇太子の大炊王に譲位して太上天皇となり、淳仁天皇が即位している。

大炊王は、母が上総守従五位上の当麻老の娘の山背、時に二五歳であった。これより先に仲麻呂は、自邸の平城京の田村第に、大炊王を迎え、亡くなった子息の真従の妻の粟田諸姉と大炊王を結婚させ、擬制的な親子関係を結んでいた。その後、大炊王を天皇に擁立することによって、政治的な基盤を堅固なものとしたのである。

仲麻呂の政策

この間の天平勝宝年間に、仲麻呂が主導でとった政策には、庶民の課役負担を軽減し、正丁・中男の年齢を一歳くりあげ、正丁は二二歳以上、中男は一八歳以上としている。また家ごとに『孝経』一本を備えて誦習させている。これらは唐の玄宗の政策を模倣したものである。

さらに天平勝宝七年（七五五）正月、「年」を「歳」と改めさせ、七歳・八歳・九歳と天平宝字改元まで「歳」を用いさせている。これらは、唐の則天武后が「年」を「載」と改めさせたのを模したもので、仲麻呂が光明皇后を則天武后に擬したものと推測されている。また、天平勝宝九歳五月二〇日、祖父の藤原不比等が編んだ『養老律令』を施行させている。他に淳仁が即位した後、高句麗・百済・新羅の渡来系氏族に対し、望むにしたがって氏姓を与えている。とりわけ天平宝字五年（七六一）三月には渡来系氏族一八八氏に三六の氏姓を授けている。

とはいえ、仲麻呂の権勢も、天平宝字四年（七六〇）六月七日、光明皇太后が没した後は、その基盤を失なったのである。

第二章

平城京をめぐる経済と流通

1　税の実態

古代の税

古代の人たちが負担した税は、『養老賦役令《ようろうぶやくりょう》』という法律の中で、その規定が記されている。古代の人たちのうち、正丁《せいてい》と呼ばれた二一歳から六〇歳までの男子は、租庸調《そようちょう》の税を負担した。租は各人に支給された口分田《くぶんでん》に対する税で、田の収穫の一部（田一段につき一束二把）を郡衙《ぐんが》（郡家《ぐうけ》）に貢納した。また、庸は都で一〇日働く歳役で、代える場合は庸布もしくは庸米を納めている。

さらに「調《ちょう》」という税目があった。この調は、絹・絁《あしぎぬ》・糸・綿《わた》・布を貢納すると記している。しかし、それに替わるものを調の雑物《ぞうもつ》と呼び、鉄・鍬《くわ》をはじめ、塩、鰒《あわび》、堅魚《かつお》・烏賊《いか》などの魚や海草など、海産物を中心とする多くの物品をあげており、正丁一人がそれらの物品を貢納する量を記している。これらの庸と調は、古代の人たちが地方の郡衙に収め、それを国衙《こくが》がまとめて都へ貢進し、国家の重要な財源になっていた。

調に付された木簡

調の雑物の付札《つけふだ》（荷札）の木簡は、一九六一年（昭和三六）一月、平城宮跡の西北部の発掘で検出された土坑《どこう》SK二一九から初めて出土した。この土坑からは六〇余点の木簡が出土し、その中に、「紀伊国日高郡財部□矢田部益占調塩」と記し、裏に天平宝字□年に三斗を貢納したものがあった。また一緒に出土した、法華寺《ほっけじ》から請求された「寺請……」と記した木簡によって、ここが平城宮で食料を担う宮内省《くないしょう》の大膳職《だいぜんしき》であることも判明している。

ついで、調の付札の木簡が出土したのは、一九六三年（昭和三八）に平城宮跡の東部にあたる内裏外郭の東北部の発掘地で検出された土坑SK八二〇からであった。ここからは一八四三点の木簡が出土し、文書、帳簿、伝票などの木簡とともに、多くの調の付札がふくまれていた。

それには、「備前国赤坂郡周迊《すさい》郷調鍬十口」、「備後国三上郡調鍬壹拾口」と鍬を貢納した付札、表に「尾張国智多郡番賀郷花井里丸部□麻呂」、裏に「調塩三斗　神亀四年十月七日」と記した塩を貢納したもの。また備前国児島郡、周防国大島郡、讃岐国阿野郡、若狭国遠敷《おにゅう》郡・三方郡などの正丁が塩を貢納した付札（図20）。さらに上総国安房郡・朝夷《あさひな》郡などから貢納された鰒、駿河国有度郡、伊豆国賀茂郡などから貢納された堅魚など、多く

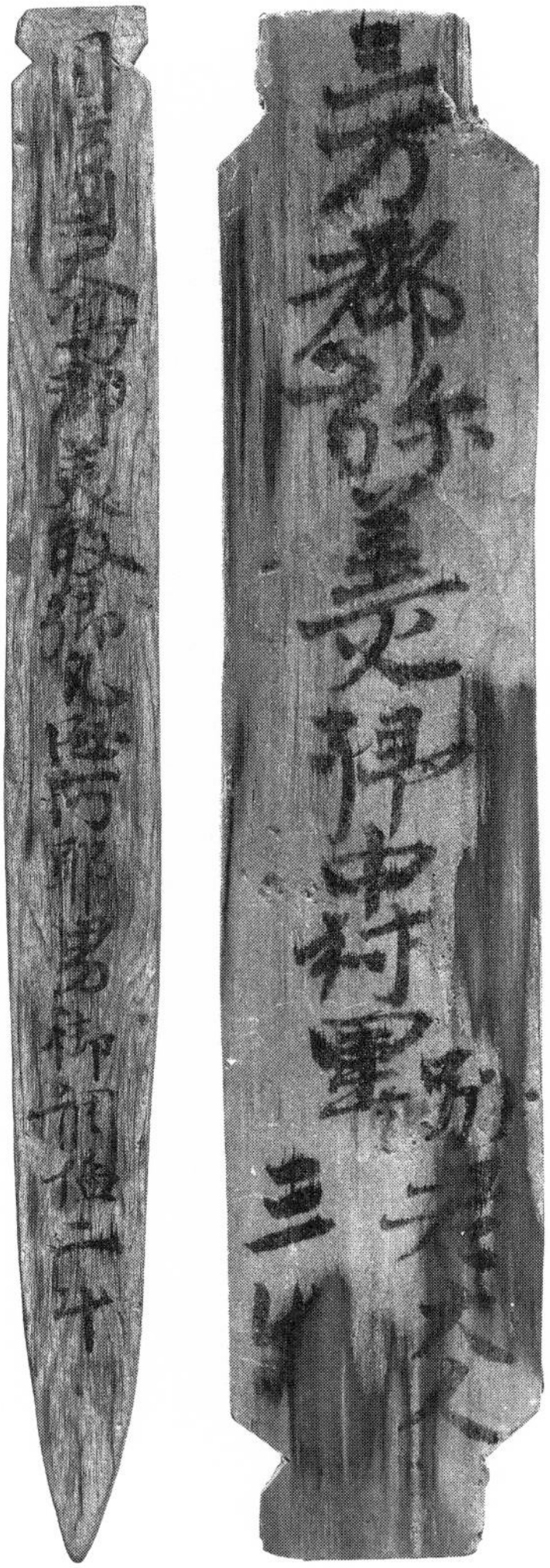

図20　若狭国と周防国の調の塩木簡（奈良文化財研究所所蔵、ColBase〈https://colbase.nich.go.jp/〉）

の海産物につけた付札が出土している。

　その後も、平城宮・京跡、長岡宮・京跡などの宮都からは、じつに多くの調を貢納した際の付札が出土している。これらの調の雑物の貢納物をみると、塩・堅魚・鰒・海草など海産物の木簡が顕著に出土している。そして、これらの付札には、貢納者の国郡郷の所在地、人名、物品名、その量と貢納した年月日などを記している。

決められていた貢納物

この調としての貢納物は、『延喜主計寮式』に各国が負担する多くの物品を記している。たとえば塩は正丁一人が三斗を負担し、西国の紀伊・播磨・淡路・備前・備中・備後・安芸・周防・讃岐・伊予国と、東国の若狭・尾張・伊勢など瀬戸内海に面した国と宮都に近い海に面した国が貢納している。また堅魚は、駿河・伊豆・安房・阿波・土佐国が貢納することになっていた。

しかし、古代の人たちは海浜部に居住する人びともいたが、大半は内陸部で農業に携わった人たちである。それにもかかわらず、『延喜主計寮式』では、絹などの布、もしくは海産物など特定の物品が調納の対象となっている。各国の人たちは、これらの絹、もしくは調雑物をどのようにして貢納できたのか、それぞれの国の実情を把握し、貢納することができた体制の実態を解明することが大きな課題である。

贄の貢納

古代の人たちが貢納した物品には、調のほかに「贄《にえ》」と呼ぶものがあった。この古代の贄は古く天皇や神へ貢納した食料品であった。『養老賦役令』には贄のことはまったく記されていない。しかし、平安時代に編まれた『延喜宮内省式』『延喜内膳司式』『延喜大膳職

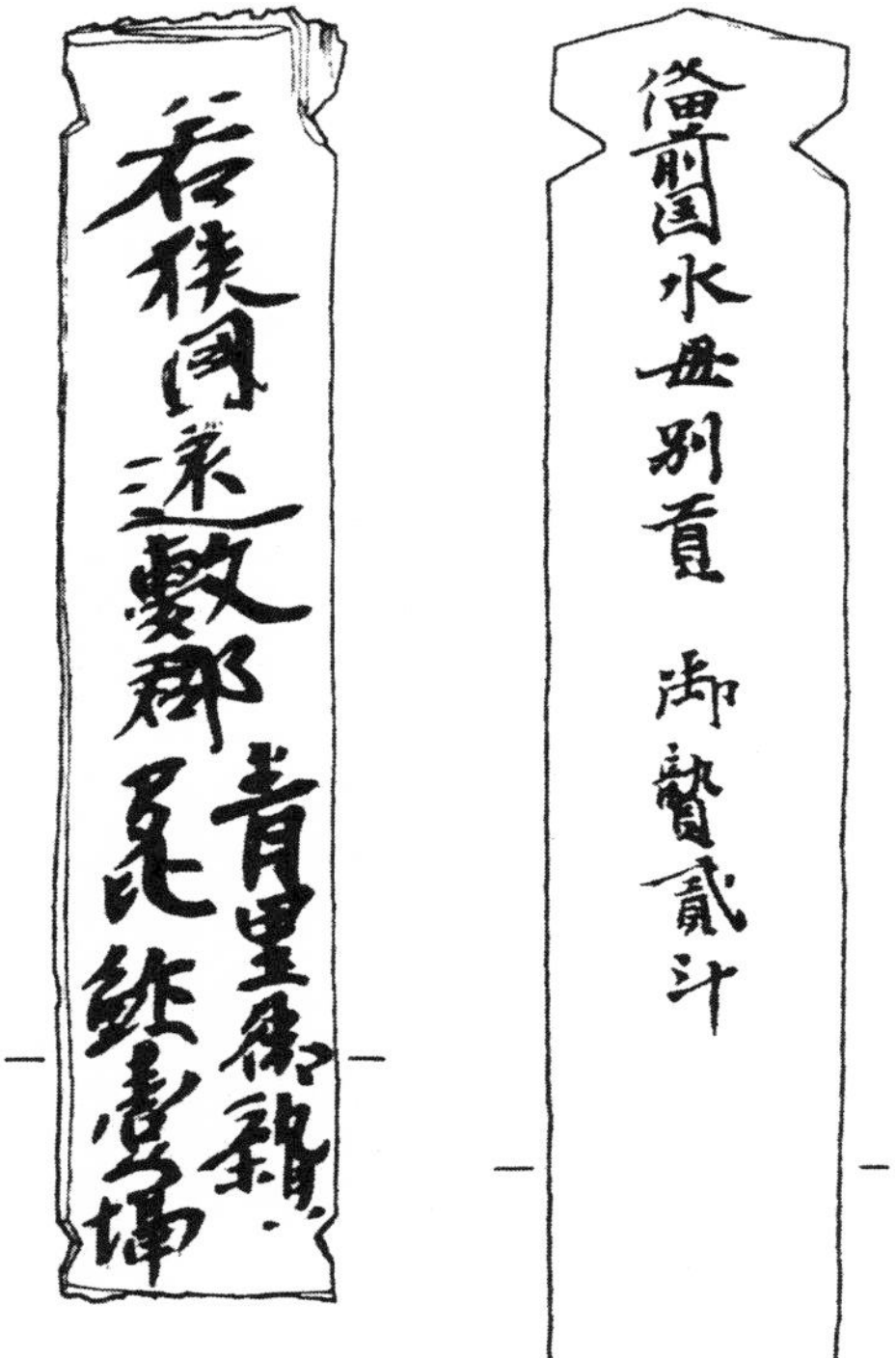

図21　若狭国と吉備国の贄木簡
（奈良国立文化財研究所『平城宮発掘調査報告』Ⅶ 1976年）

式』に、諸国が貢進する贄の種類、物品などが記されていたが、戦前には特に研究対象になることはなかった。

ところが、前述した一九六三年、平城宮跡の内裏外郭の東北部の発掘で、土坑ＳＫ八二〇から調の付札の木簡とともに、贄を貢納した物品の付札が少なからず出土した。この贄の付札には、「参河国幡豆郡篠嶋海部供奉五月料御贄佐米楚割六斤」と伊勢湾の知多半島の先端にある篠嶋《しのじま》、その東北にある析嶋《さくしま》から贄の月料としてサメの楚割りを貢納した三五点の付札の木簡がふくまれていた。また他に、贄として長門国豊浦郡・阿波国板野郡・出雲国・下総国海上郡・常陸国那賀郡・但馬国からのワカメ、若狭国遠敷郡青里が貢進したタイの鮓、備前国が貢進したクラゲ（水母）、武蔵国男衾《おぶすま》郡からのフナ（鮒）の背割、武蔵国男衾郡・秩父郡が貢進した豉（味噌か）の付札が出土している（図21）。

これらの贄の付札には、備前のクラゲのように、諸国から年料として貢進されたものと、特に参河の篠嶋・析嶋の海部が恒常的に月料として貢進したものがあった。

この平城宮跡で出土した贄の付札の木簡の出土を契機に、古代史研究者によって古代の贄に対する研究が開始された。このように、古代の贄の貢進には、国郡里名を記すもの、国名のみを記すもの、月料と記すものの三者があったのである。

また、一九六七年（昭和四二）には、藤原宮跡の北辺部で検出された溝からも贄の木簡が出土している。そして、藤原宮跡から出土する贄の付札は、いずれも「国評里」を記している。また藤原宮跡のものは、いずれも「大贄」と記している。一方の平城宮跡では大贄と記すものもあるが、大半は「御贄」と記すものへと変化している。

贄を貢納した人びと

このように、『養老賦役令』には贄の貢進は記されていないが、奈良時代にも贄の貢進がそのまま存続していたのである。この奈良時代に贄を貢進した地域をみると、安房国や上総国から鰒が貢進されているように、歴史的に天皇に服属した集団や地域がその服属儀礼として食料品を貢進しているものがある。また、いま一つの特徴として、参河国の篠嶋・析嶋の海部が貢進したサメ、若狭国の遠敷郡の青里が貢進した塩のように、古代に天皇の食事を担当した膳《かしわで》氏や阿曇《あずみ》氏と深く関連する地域や集団が貢進したものがある。

じつは大化前代から天皇や朝廷の食事に膳氏、阿曇氏が奉仕していた。そこで、その職掌を担うため志摩や若狭の国を御食国《みけつくに》として膳氏が統率し、多くの新鮮な食材を朝廷に進上させていた。また、一方の阿曇氏も、筑前・肥前・対馬・周防・播磨・隠岐・阿波・淡路・近江・参河・信濃など、西国を中心としながら海部《あまべ》氏、海部を配置して、朝廷に主として海産物を貢進させ、みずからの職掌を担っていたものと推測されている。

このように奈良時代には『養老賦役令』に贄の規定はまったく記されていない。それにもかかわらず、それ以前からおこなわれていた慣例として、それまで貢進していた諸物資の贄を継続させていたことも、藤原宮跡・平城宮跡から出土した贄の付札木簡によって明らかになったのである。

2　平城宮跡・藤原宮跡と贄の木簡

都から見つかる贄の木簡

一九五九年（昭和三四）から、平城宮跡の発掘が継続しておこなわれるようになり、平城宮の朝堂院・内裏、さらに政務を担った官衙《かんが》を構成した建物などの実態が掘り出されるようになった。そして、一九六三年（昭和三八）には、平城宮の内裏外郭の東北部で実施された発掘（第一三次調査）で検出された大きな土坑（ゴミ穴）から、多量の土師器《はじき》・須恵器《すえき》とともに、一八四三点の木簡が出土した。それらの木簡の三分の一は贄《にえ》につけられた付札《つけふだ》だったので、古代に地方から、天皇あるいは宮廷へ贄として食料品が貢進されていたことが、初めて具体的に知られるようになった。

さらに、一九六六～六八年（昭和四一～四三）の藤原宮跡の発掘でも木簡が出土した。それらの木簡には、大宝律令がだされた大宝元年（七〇一）より以前のものには、「コオリ」の文字として「評」が使用されていたことが判明し、それまでおこなわれていた「郡評論争」に決着をみることになったのである。

それだけでなく、藤原宮でも地方から食料品として贄を貢納した付札の木簡が少なからず出土して注目された。この贄は、大化以前から天皇や朝廷に土地の産物を献上していたもので、特に食膳に供する海産物や鳥獣類を供献する伝統を引き継いで貢進されたものであった。

平城宮の贄木簡

まず、平城宮跡の内裏外郭の東北部から出土した贄の木簡を少しみると、一つに「参河国播《は》豆《ず》郡《ぐん》析嶋《さくしま》　海部《のあまべ》供奉《ぐぶ》六月料御贄佐米楚割《そわり》六斤」と記したものがある。これは愛知県の知多半島の南端の東にある佐久島に住む海部が、六月分として干したサメ（鮫）を平城宮に貢進した付札である（図22）。

また、「武蔵国男衾《おぶすま》郡《ぐん》川面郷大贄一斗鮒背割　天平十八年十一月」と記したものがある。これは現在の埼玉県大里郡から背割りし、干した鮒を大贄《おおにえ》として貢進したものである。また、「備前国水母別貢　御贄弐斗」、さらに「出雲国若海藻　御贄」と記したものがあり、前者は岡山県から水母《くらげ》、後者は島根県から若海藻《わかめ》を貢進した付札である。その後も、平城宮では贄を貢納した付札の木簡が出土している。

藤原宮から見つかる贄木簡の特徴

一方、平城京へ遷都する前の宮都だった藤原宮跡から出土した贄の木簡には、一つは「上毛野国車評桃井里大贄鮎」と記した付札があり、現在の群馬県前橋市から、干した鮎を貢進したものである。また「熊毛評大贄伊委之」と記した山口県の東南部の熊毛郡の海辺部から、イワシを貢納したものである。さらに「与謝評大贄伊和×」と記すものも、京都府与謝野町から干したイワシを貢進した付札である。

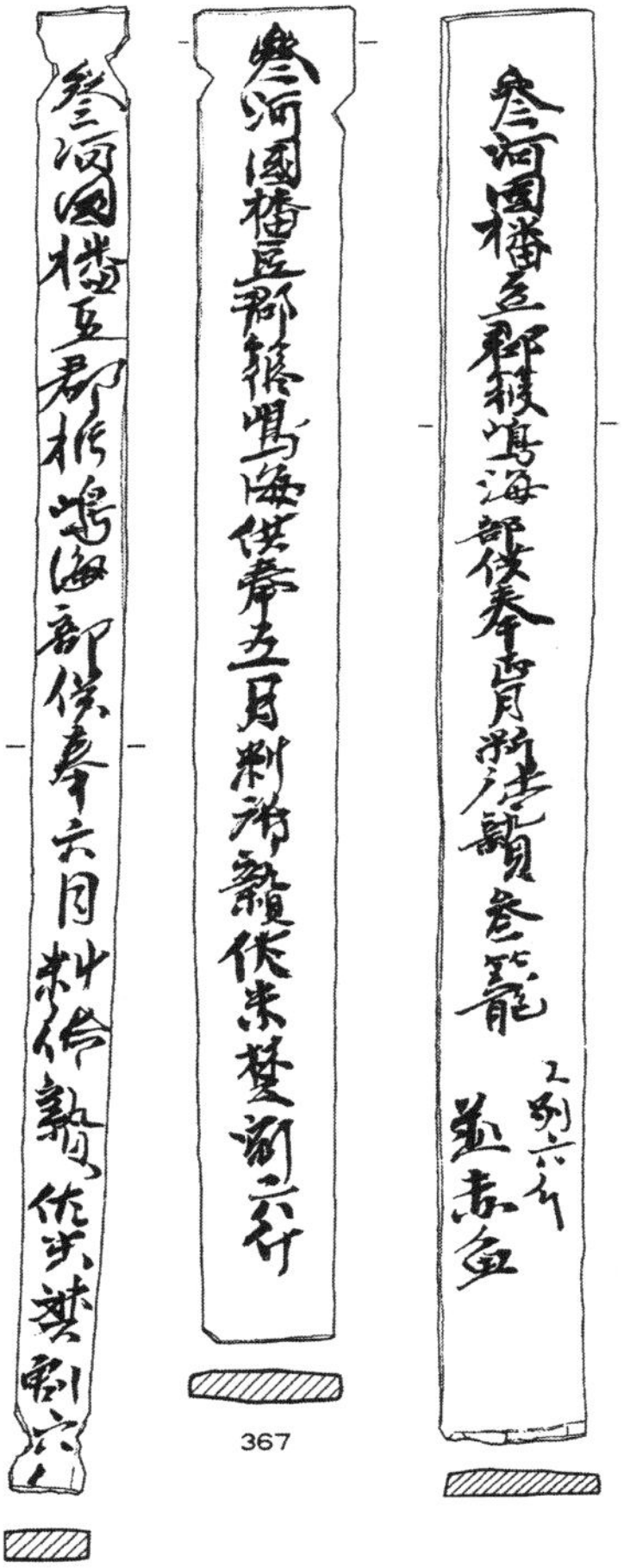

図22　三河の篠島・析島から貢納の贄木簡
（奈良国立文化財研究所『平城宮発掘調査報告』Ⅶ　1976年）

このように、藤原宮へ貢進した贄の付札は、いずれも「大贄」と記され、平城宮でも同様に記したものも少しあるが、大半は「御贄《みにえ》」と表記し、違いがある。また、贄の付札に記した地名は、国、郡（評）、里・郷を記載したもの、国と評・郡を記すもの、国あるいは郡（評）のみ記すものがあり、さらに参河国播豆郡の析嶋《さくしま》、篠嶋《しのじま》の海部のように、特定の海部が月料として貢進したものがある。調の付札には貢進者の名前は必ず記すが、贄では人名は記されていない。

贄は個人ではなく集団として貢進

さて、多くの付札が出土している贄の貢進に関連する規定は、『養老賦役令』にまったく記されていない。そして、『令』の細則を記した『延喜宮内省式』に「諸国所進御贄」「諸国例貢御贄」と記されているだけである。

そこで、古代の税の基本を述べる『養老賦役令』に、贄に関連する規定がまったくみられないのはなぜなのかが、問題になる。

大化前代の大和朝廷には、天皇に服属した地域、あるいは特につながりをもつ地方の首長や土地に設けたミヤケ（屯倉）などから、海産物や鳥獣類が年ごとに貢進されていた。これは、大化以後もそのまま継続して貢進され、天皇の食料である供御《くご》として、また時には皇后、皇子らの食材ともなっていたのである。

しかし大化以後、民衆は、いずれも公民となり、天智朝に戸籍が編纂され、さらに『浄御原令』『大宝令』によって、民衆は税を負担するようになった。また奈良時代に編成された『養老令』には、公民が負担する税は『賦役令』に記され、いずれも公民個人を対象として記されている。しかし、この『賦役令』に定められた租庸調のうち、調は、いずれも個人を対象とした、絹・絁・糸・綿という衣料品を納めるもので、令制以前に貢進されていた海産物や鳥獣類は、衣料品に替わる調雑物《ぞうもつ》として貢納させている。

贄の存続

ところが、調雑物の食料品は、海産品・水産品のみが記されており、鳥獣類をはじめ、それ以前に贄として貢進されていたもので含まれていないものが少なくなかったのである。また、贄はそれまで共同体や集団によって貢進されていたが、『賦役令』では、特定の集団に食料品を貢進させることは記されていない。

したがって、参河の析嶋、篠島の海部に対するように、サメ、タイ、スズキ、アカウオ（図22）などを毎月貢進させることは困難なことであった。そこで、養老元年（七一七）には、それまで贄として貢進させていた海産物、鳥獣類を中男作物《ちゅうなんさくもつ》として貢納させている。

また、贄を各地に存続させている。そして、それらの物品を、諸国に交易によって購入させ、道路、堤防、国衙の官舎の建設・修理などに正丁を使役する雑徭《ぞうよう》を利用して、朝廷に貢進させたことが諸国の正税帳によって知ることができる。

長屋王の邸宅に運ばれた贄

さて、贄は平城宮跡・藤原宮跡から出土している他に、近年は、平城京から出土した「長屋王家木簡」「二条大路木簡」にも多くの調の付札とともに、贄を貢進した付札が出土している。その長屋王家木簡の一つには、「住吉郡交易進贄塩染阿遅二百廿口之中大阿遅廿口 小阿遅二百口」とあり、摂津国の住吉郡からアジを購入して貢進したもの、また参河国の析嶋の海部が貢進したサメ、伊予国の腊《ほじし》、阿波国の切海藻《きりめ》、出雲国から腊を貢進した贄の付札が出土している。

また、二条大路木簡にも、参河国の篠島の海部が贄として貢進したスズキ、タイ、さらに析嶋の海部が貢進したサメの付札、駿河国のカツオ、常陸国のアワビ、越前国の青郷が貢進したタイなど贄付札がふくまれている。贄は、本来は天皇や朝廷への貢納物であったことからすると、平城宮の外部から出土している贄の木簡は、どのように消費されたのか検討する必要がある。

長屋王邸での贄の消費

長屋王家木簡は、霊亀二年（七一六）末頃に溝状の遺構に廃棄されたと推測されている。これらは多くの調の付札などとともに出土しているので、平城宮から長屋王家に移され、これらの食料品が消費されたものが、後に一括して棄てられたものである。それは、長屋王あるいは吉備内親王による特定の饗宴に際し、大膳職から贄が提供されたと推測されるものである。

そして、その可能性としては、たとえば元正《げんしょう》天皇が妹の吉備《きび》内親王のもとに訪れたとき、あるいは長屋王邸で催された饗宴に、皇太子の聖武《しょうむ》が参加した際に、これらの食材が大膳職から提供されたことなどが想定される。

3　古代の高級絹織物の生産と貢進

調庸としての高級絹織物

古代の地方の律令民に貢進させた調・庸の品目に、高級絹織物があった。日本での高級絹織物の生産は、『日本書紀』雄略七年是歳条など五世紀に、新たに絹織物を織る渡来人が訪れた記事を掲載している。その後、大和朝廷では、この新来の渡来系氏族が絁《あしぎぬ》とは異なる錦などの高級絹織物を生産していたものと推測される。

しかし、平城京へ遷都した後、『続日本紀』和銅四年（七一一）閏六月一四日条によると、朝廷から初めて挑文師《あやとりし》を地方へ派遣し、高級絹織物の錦や綾などを織る技術を指導している。これは大蔵省の織部司に所属する挑文師を地方へ派遣したものであった。

そして『続日本紀』和銅五年（七一二）七月一五日条は、伊勢・尾張・参河・近江・越前・播磨・備前・伯耆など二一ヵ国に綾、錦を織らせたと述べている。そして、その後、これらの諸国から、高度な技術による錦・綾・羅などが調や庸として、平城宮へ貢進されるようになったものと推測される。

絹織物の生産

高級織物の絹は、蚕《かいこ》を飼育し、蚕の繭《まゆ》からとった糸で織った織物である。これには養蚕のため桑《くわ》の栽培が必要であった。錦は多数の彩糸、金糸・銀糸などで文様を織った厚地のもの、綾は経糸《たていと》と緯糸《よこいと》を斜めにかけ、文様を織りだしたもの、羅《ら》は捩《ね》じり織りによるもので、薄い網目状に織った絹織物である。

これらの絹織物の生産は、『正倉院文書』天平五年（七三三）の「越前国郡稲帳」によれば、国衙に設けられた工房に、錦機二台、綾機九台、羅機二台があり、それぞれ一台に錦用の経糸を開口する綜絖《そうこう》二八本、綾用の綜絖六本、羅用の綜絖二本を準備していた。綜絖は経糸を開口する用具で、これらの織機は高機《たかはた》と呼ばれるものであった。

ところで、古代に錦・綾・羅などを織った織機と織る操作を知るための資料を求めると、中国の明代に、宋応星による『天工開物』がある（図23）。これに織機と経糸の準備工程を示す図が掲載されている。この織機は花機と呼び、全体の長さが一丈六尺（四・八メートル）あり、その手前の一部に高い花楼を構築した大型の高機である。この花楼の上に横木があり、その横木に男子職人が昇り、経糸を開口する操作を補助している。

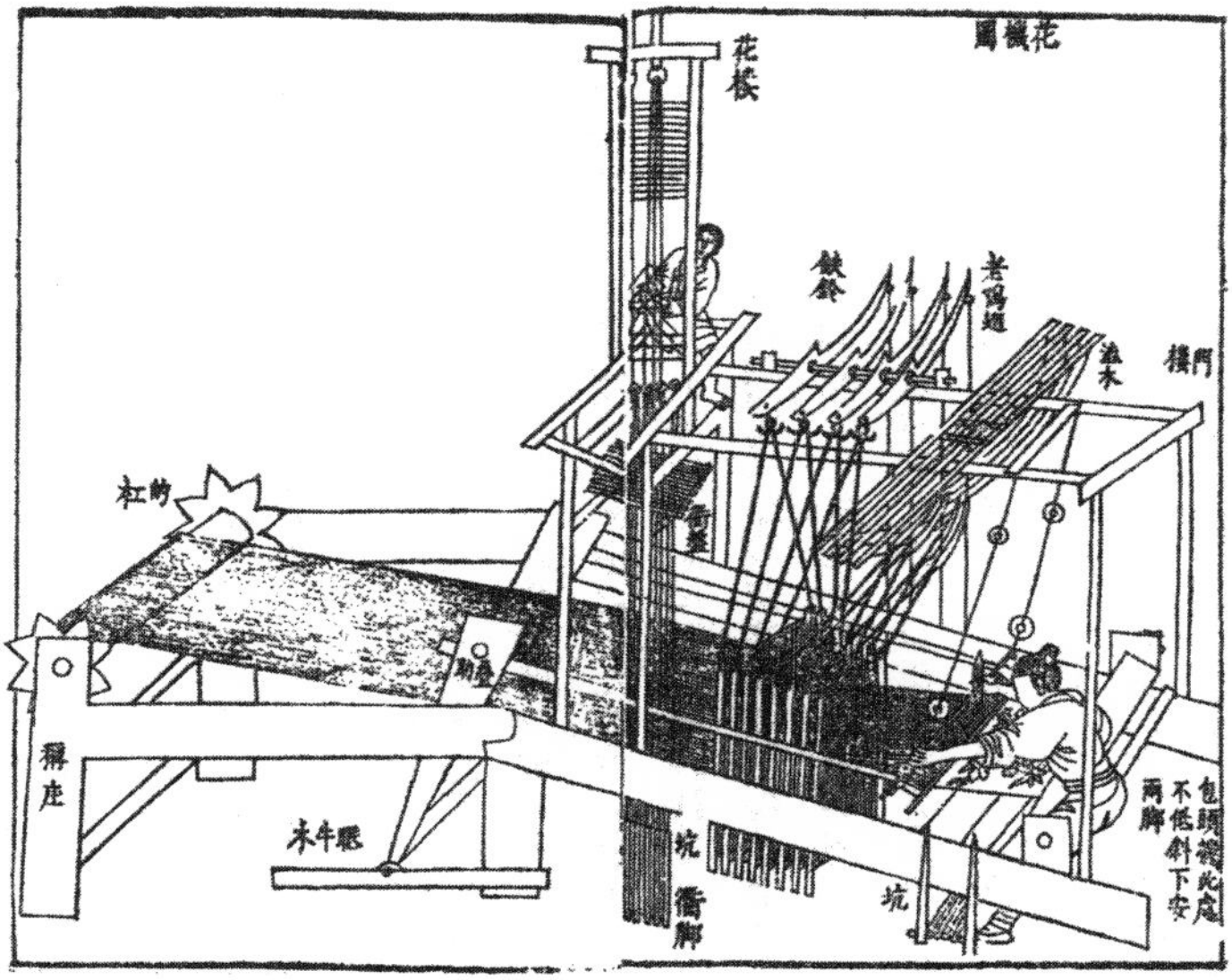

図 23 『天工開物』の花機
（宋応星〈藪内清訳注〉『天工開物』平凡社、1969 年）

また、わが国の中・近世の資料に、著名な「職人尽絵」がある。埼玉県川越市喜多院蔵の「織機」の絵には、地機《じばた》の系統の織機で布を織る男子と、高機で二人の男子職人が文様を織る様子が描かれている。さらに江戸時代の『都名所図会』には、京都の西陣《にしじん》で錦を織る図として、高機の上に櫓を組み、その櫓の上に男子が昇り、文様を織るために綜絖を操作し、織手として男子が織る状況を描いており（図24）、『天工開物』の図の構造と基本的に共通している。

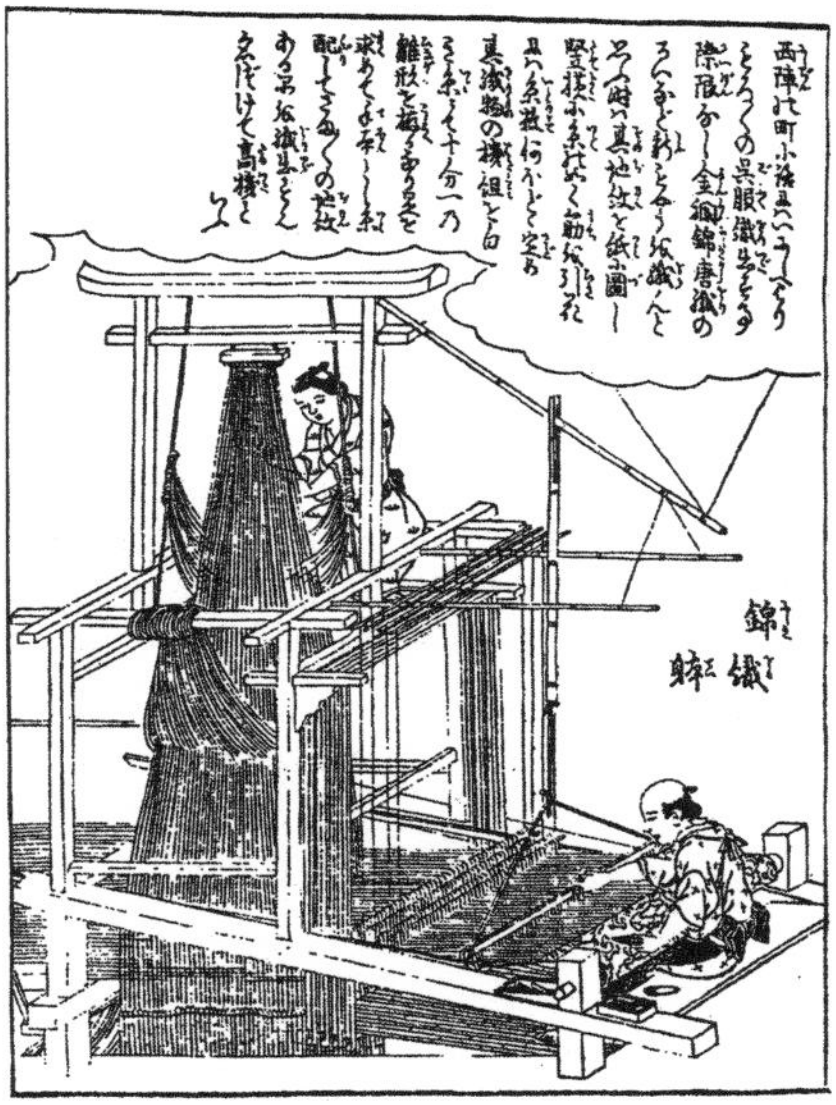

図24　西陣の高機
（秋里離島「都名所図会」）

古代の錦・綾・羅などを織る際にも、高機の名にふさわしい櫓を設けた織機は不可欠なものであった。また、この高機で複雑な文様を織るには、『正倉院文書』の「越前郡稲帳」に記すように、男子の挑文師が高い櫓に昇り、多くの綜絖で経糸を開口する補助操作が不可欠だったのである。

そして、木製の強固な高機は、経糸を横に張るので、五《メートル》ほどの広がりをもち、しかも能率よく織るには、それにふさわしい広い空間の工房が必要であった。また『正倉院文書』天平六年（七三四）の「尾張国正税帳」には、錦と綾の生産に従事した織手の錦生四人、綾生五二人に対する食料を人別に支給しており、錦生は二八・五日、綾生は二〇日、尾張国の国衙に設けられた国衙工房に出向いており、今日的な言葉でいえば、非常勤として工房に出勤し、高級絹織物を織っている。

官営工房と想定される遺跡

ところで、古代に地方から中央官衙（平城宮など）へ貢進された高級絹織物は、高度な織る技術と高機を必要としたので、いずれも地方の国衙か郡衙の官営工房で織られている。しかし、高級絹織物を織った官営工房の実態は明らかでないので、今後に解明すべき課題である。

とはいえ、これまで発掘されている官営工房の可能性の高い遺跡・遺構を求めると、滋賀県惣山《そうやま》遺跡と鳥取県不入岡《ふにおか》遺跡の二つの遺跡が注目される。

惣山遺跡は、大津市の瀬田丘陵にあり、近江国庁跡の中枢部から東南四〇〇メートル離れた地にある。ここでは桁行《けたゆき》六間（二一メートル）、梁行《はりゆき》四間（八メートル）の総柱《そうばしら》式に礎石を配し、瓦葺した建物群が南北一列に一二棟が配置されている。これらの総柱建物は、床面積一二〇平方メートルあり、八世紀後半から一〇世紀にかけて建てられていた（図25）。

また一方の不入岡遺跡は、倉吉市の市街から北西二・五キロ離れた久米ケ原丘陵に位置し、伯耆国庁跡から東に二・五キロ離れている。この遺跡では、掘立柱建物四八棟が検出され、そのBⅡ期の遺構は、北と西にL字に溝が設けられた区画があり、その内郭の北側に東西棟建物三棟以上、西側に桁行七間と六間、梁行いずれも三間の総柱建物を二棟以上配してい

図25　惣山遺跡の礎石建建物（南から）

る。これらの西側の南北棟の総柱建物は、東側にも対称に配された可能性が高いものである。そして、総柱建物は穀物を収納した高床式倉庫に推測されている。

さらに、この内郭のすぐ西に、桁行一二間ないし一〇間、梁行三間の長大な建物が一〇棟以上も南北に並んで配置されている。これらの長大な建物群に対しては、近くを国府川が流れているので、中央政府へ調・庸として貢進する諸物資を一時的に収納する施設に推測している。

このように、惣山遺跡では長大な総柱建物が一二棟、不入岡遺跡の内郭はコ字型に建物を配したとすると、総柱建物は四棟ないし六棟で建物群を構成していたものと推測される（小笠原二〇二二）。

推測される工房の構造

古代の高級絹織物の生産では、大型の高機を置き、経糸を長く横に張る必要があった。この高機を複数置くには広い床面積が必要になる。また、絹糸の経糸を長く張り、挑文師が櫓に昇り降りするためには、また品質の高い絹製品を清浄な状態を維持して織るには土間では不都合で、建物の床張りは官営工房の不可欠な条件だったと推測される。これらの点で、大型の複数の総柱建物は、まさに高級絹織物を織る官営工房として構築された可能性がきわめて高いものと考えられるのである。

そして、高級な絹を織る工房群を、惣山遺跡では一列に、不入岡遺跡ではコ字型に配したのは、この工房へ一定の日数を上番して織る工人らに対する管理、もしくは経営方式の違いが示されているように思われる。また、和銅五年（七一二）に高級絹織物の生産を開始した二一ヵ国の中に近江国、伯耆国は、いずれもふくまれている。しかし、『延喜主計寮式』には、近江は調として「二色綾、九點《てん》羅、白絹、緑帛、帛」を貢進しているが、伯耆は高級絹織物の貢進国から外れており、その後の平安時代には、異なる展開となっている。

その変化の要因は、近江の惣山遺跡の建物群は礎石建で、瓦葺した官営工房群であった。ここには長年月にわたって高級絹織物を生産し続ける施設として、これらの工房群を構築していたものと考えられる。しかし、不入岡遺跡の建物群は、掘立柱式で、屋根に瓦を葺かず、頻繁に建替えたものと推測される。ここには長く高度な絹織物を織り続けるという意向が反映していないように思われる。

4　市と物資の流通

奈良時代の市

奈良時代に平城京に居住した官人たちやその一族の人たちは、生活する諸物資の大半を東西市で入手していた。市についての規定である『養老関市令《ようろうげんしりょう》』によると、平城京の東西市は午《うま》の刻に開かれ、夕刻に鼓を三度打って閉じている。市の肆《いちくら》（店）には看板があり、売買する商品を明示していた。この市の店舗の商品は、上・中・下の価格をつけており、市を運営・管理する市司《いちのつかさ》は、それらの価格を記録し、左右京職《きょうしき》に報告していた。また市司は、毎年二月に桝《ます》や秤《はかり》を検査し、商品の量の過不足がおこらないようにしていた。

何を売っていたか

『延喜東西市式』によると、市司は商品の物価を記録した沽価《こか》帳を、月ごとに三通作り、大蔵省、京職、さらに市司が一通を所有し、諸物資の物価の安定をはかっていた。そして、東市の店として絁《あしぎぬ》・羅・錦などの絹織物、布・沓《くつ》・筆・炭・薬・大刀・弓・箭《や》（矢）・鞍・米・麦・塩・醤《ひしお》・油・海藻《わかめ》・干魚・生魚・漆など五一店、また西市として三三店を記している。そして、月の前半は東市、後半は西市を開くとしている。しかし、『正倉院文書』の天平七年（七三五）一一月二〇日付の左京職符をみると、平城京では、東市、西市とも月の前半・後半に分かれずに開いていた。

また、この市の店から物品を奪った者は、市司が市楼の前で処罰することを記しており、『養老獄令《ごくりょう》』にも、市を罪人の刑罰執行の場にしていたことを述べている。さらに、この市で商売する市人からは地代を徴収し、これで市を囲む築地《ついじ》、路面、橋を修理し、さらに堀河の修理にあてていた。

物資の集積

平城京の東市は、左京の八条三坊五・六・一一・一二の四坪を占めていた。そして、東側の一一・一二坪の中央に南北に堀河が設けられていた。この平城京の東西市へ供給される多くの諸物資は、北六キロにある山背の泉川（木津川）にあった泉津《いずみのつ》に、淀川経由で諸国から漕運され、集積していた。そして、これらの諸物資は、さらに泉津から奈良坂を越え、佐保川の上流域で再び舟に積まれて平城京の東市に運ばれていた。また、一方の右京の西市は、八条二坊の五・六・一一・一二坪を占めており、秋篠川が東端を流れていた。この秋篠川は南の京外で佐保川と合流し、さらに大和川とつながり、河内を経て難波津に流れていたので、このルートで平城京の西市へ諸物資が外部から運ばれていたものと思われる。

飛鳥・藤原京の市

ところで、平城京に先んじて造営された藤原京でも、「□於市□遺糸九十斤　蝮王《たじひおう》　猪使《いづかい》門《もん》」と記す木簡が出土しており、市が設けられていたが、その所在地はまだ知りえない。大宝元年（七〇一）には、『大宝律令』が施行されたので、東市と西市を区分して設けたものと推測される。

さらに遡る大和の古代の市は、豊浦宮《とゆらのみや》・小墾田宮《おはりだのみや》など飛鳥の地に諸宮が設けられたときは、初瀬川の上流と山ノ辺の道が交差する付近に、海石榴市《つばいち》があった。『日本書紀』は、推古一六年（六〇八）六月の記事として、遣隋使の返礼使として訪れた裴世清《はいせいせい》は、難波津に着いた翌々月、舟で海石榴市を訪れ、その後に小墾田宮に入っている。

また、飛鳥の西辺には軽市《かるのいち》があった。『万葉集』には、柿本人麻呂《かきのもとひとまろ》の妻がこの軽市にしばしば交易に通ったことを詠んだ人麻呂の長歌・短歌を収録している。古代の市は、それぞれの地域で、多くの人たちが諸物資の交易のために集うところだった。

さらに遡る『日本書紀』武烈《ぶれつ》紀には、武烈天皇が皇太子だったとき、大連の物部麁鹿火《もののべのあらかい》の女である影姫が大臣の平群真鳥の子の鮪《しび》と恋仲になっていたのに、影姫を娶《めと》ろうとし、武烈は歌垣がおこなわれていた海石榴市で影姫に出会ったが、鮪との仲を知り、奈良山で鮪を殺害させたとする。この記事は、桜井市にあったとされる大和の海石榴市が六世紀まで遡る可能性を示している。

それ以前の日本の古代に、多くの人たちが生産活動や日々の生活に必要とした諸物資を、どこで、どのように市で入手していたのかは、よく知りえない。

考古資料にみえる古代中国の市

そこで、あえて市に関連する考古学の資料を広く求めると、中国の四川省から出土した後漢代の画像塼《がぞうせん》がある（佐原二〇〇二）。現在は三点あり、その一つは、右側に二階建ての市楼《いちろう》があり、上階に太鼓をおいている。そして東市門と屋根を架した店と屋根のない店で交易する人々を描いている（図26）。また、その二つは、北市門、南市門と屋根をもつ店、屋根のない店で男女が買い物をする様子を描いている（図27）。その三は、市の四辺に門を設け、その中央に市楼を設け、整然と並ぶ店と諸物資を購入する男女を描いている。

図 26　中国後漢代の市　四川省広漢県出土の画像塼
（『図説　中国の歴史2　秦漢代帝国の威容』講談社、1977 年）

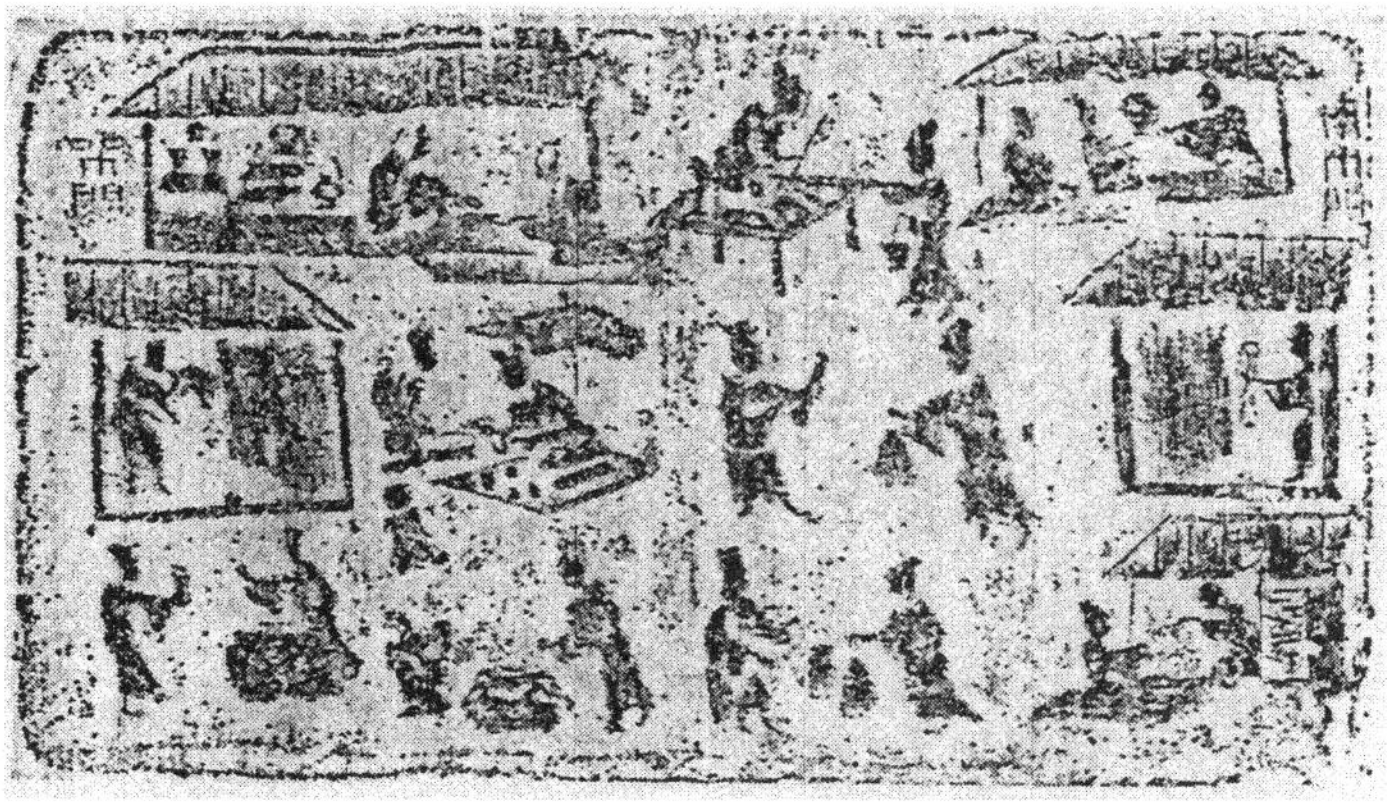

図 27　中国後漢代の市　四川省彭県出土の画像塼
（佐原康夫「漢代の市について」『史林』68 巻5号、1985 年）

弥生時代の環濠集落と市

日本では佐賀県吉野ヶ里遺跡で、弥生時代の後期の環濠《かんごう》集落が発掘され、その一部に市を推測している遺構がある。この環濠集落では、大きくめぐる外の環濠と、その中に北内郭と南内郭が検出されている。しかも、南内郭のすぐ西側で三〇棟ほどの倉庫群が検出されており、調査関係者によって、ここに交易のための市が設けられていたと推測されている。これらの遺構は、弥生時代のクニの王が経営し、管理した市の可能性がきわめて高いものである。

弥生時代の前期には、福岡県板付《いたづけ》遺跡で最古期の前期の環濠集落が見つかっている。ここからは多くの貯蔵穴が検出されているが、竪穴住居は見つかっていないので、環濠集落は、まず交易する市とした始まった可能性が高い。そして、このような環濠集落は、拠点集落と理解されるので、この前期のある段階から、有力家族がこの環濠集落に居住し、ここで諸物資を交易する市を運営、管理し、さらに共同体の有力氏族が居住し、中心的な集落に発展したものと推測される。

古墳時代の豪族居館と市

続く古墳時代に市が営まれた可能性が高い遺跡に、奈良県御所《ごせ》市の極楽寺ヒビキ遺跡で

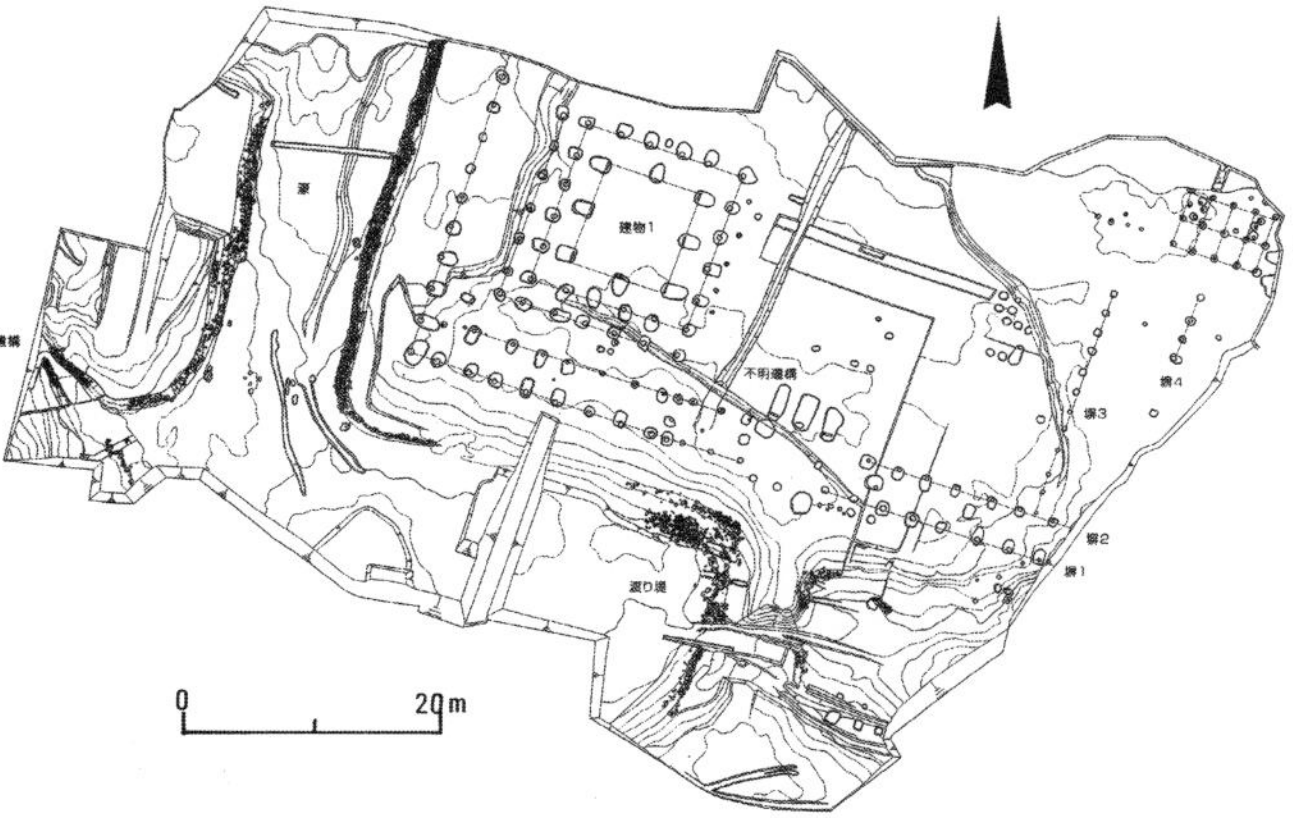

図 28　極楽寺ヒビキ遺跡の首長居館
（奈良県立橿考古学研究所「極楽寺ヒビキ遺跡」『奈良県文化財調査報告書』第 122 集、2007 年）

検出されている豪族居館がある。この豪族居館は、葛城《かつらき》氏が五世紀後半に設けたものである。

ここでは、濠がめぐる居館の中央南面に陸橋が設けられている。そして、門を入ったところに柱穴三個が東西に並んでいる。また、そのすぐ西側に大きな楼閣《ろうかく》建物が構築されていた。他には小さな倉庫一棟が検出されているだけである（図28）。

この極楽寺ヒビキ遺跡の豪族居館は、発掘した関係者によって祭祀遺跡として報告されている。しかし、祭祀遺物はまったく出土していない。しかも、陸橋を渡って入った門のところにある三柱穴は、中央の柱に幟《のぼり》をかかげ、その両側の柱穴はそれを支える幢竿支柱《どうかんしちゅう》に推測されるものである。また、門のすぐ西側の楼閣建物は、この広い空間で交易をおこなう市の開閉を告げ、管理する市楼を想定すべきであろう。このような居館を構築した葛城氏は、渡来系の工人集団を多くかかえて高度な手工業製品を生産するとともに、ここで市を開いて交易したものと考えられる。

古墳時代には、葛城氏に限らず、有力氏族は広い豪族居館の内部で、あるいは独立した居館で、市を開き、鉄製品、銅製品、絹・塩などをはじめ、諸物資を交易していたものと推測される。そして、有力豪族は、その地域を統轄する政治を担うとともに、地域の発展と諸物資の流通をはかるため、市の経営や運営にも関与していたものと理解されるのである。

建築材の調達方法

平城京に営まれた東西市には、『延喜東西市式』に記すように、織物・武器・武具・薬・食品・文房具など、じつに多くの諸物資を扱う店が設けられていた（図29）。しかし、建物の建築材を売る店は記されていない。この建築材の木材を扱う店は、東西市になかったと思われる。『正倉院文書』の天平六年（七三四）の「造仏所作物帳」には、興福寺の西金堂が造営されたとき、木材を泉川（木津川）の泉津で購入し、車で運んでおり、泉津の木屋《きや》

図 29　長安城含光門の朝市
古代の市の賑わいを彷彿とさせる。

所《しょ》で大量に購入したものと推測される。

また、天平宝字三・四年（七五九・七六〇）の法華寺金堂の造営は、令外《りょうげ》の官であった造東大寺司が担当している。官衙は官人らと異なり、東西市以外でも多くの諸物資を購入できたので、木材の柱・桁・榑《くれ》・歩板など大半は泉津の木屋所から、また他に伊賀・丹波と近江の高島郡の津から購入している。そして、いずれの場合も泉津で陸揚げし、車で法華寺に運んでいる。

さらに『大安寺伽藍資財帳』や『西大寺伽藍資財帳』によると、この泉津には、伽藍を構成する堂塔の新築や修理のために、大安寺、薬師寺、西大寺などが木屋（所）を設け、木材を調達し貯木していた。

東市に集まる物資と諸国の出先機関

ところで、東大寺の盧舎那仏《るしゃなぶつ》を造立し、伽藍《がらん》の構築を担当した造東大寺司は、写経事業も大規模におこなっていた。そのため、じつに多くの諸物資を東西市から調達している。それらの諸物資は、東市と佐保川を利用して漕運したものと推測される。また、造東大寺司は、東西市の周辺に東市庄・西市庄をもち、それぞれ二人の領《うながし》を派遣し、東西市から常に必要とする諸物資を調達していた（図30）。

また、この東市の近くには相模国の調邸《ちょうてい》があった。造東大寺司は、その倉庫をともなう調邸の地を天平勝宝八歳（七五六）に購入している。この相模国の調邸は、調庸を貢進するために設けた施設で、相模国から輸送した調庸を一時的に収納し、市で交易によって不足分を補い、また余剰品などを売却したものと推測される。

このように、平城京の東西市の付近には、調庸の諸物資を平城宮へ貢進するために諸国によって庄（倉庫をふくむ出先の施設）が設けられていたものと思われる。

図 30　平城京の市（早川和子氏画）

市で売られた塩

さて、一九八九年（平成元）、平城京の左京三条二坊の一・二・七・八坪から長屋王邸跡が発掘された。しかも、長屋王邸の東端部で検出された南北溝から三万余点の木簡が出土した。これらの木簡には周防国の大嶋郡から調として貢進した塩木簡も多く出土している。しかも周防国の調塩の木簡がまとまっているので大嶋郡に長屋王家の封戸《ふこ》が存在したことも推測されている。

しかし、周防国の木簡を検討された八木充氏は、奈良時代の大嶋郡は、塩の主要産地であり、調塩として京進された塩は、いったんは大蔵省あるいは宮内省大膳職に収納された後、平城京の東西市に払い下げられたことを想定している。そして、長屋王家は、米・酒・海藻・布などを市で購入しているので、大嶋郡の塩は、商標化した銘柄品であったことから、購入されたものと推定している（八木二〇〇九）。この考えは、長屋王家木簡として出土する調の木簡が諸国に及び、多すぎることからみても妥当な見解だと思われる。

このように、平城京の東西市には、各地から調納した諸物資も、多くの京の人たちに売却されていたものと考えられ、しかも産地を示す木簡がつけて売られていたものと推測されるのである。

5　寺院の造営と木材の調達

遷都と建物の移転

和銅元年（七〇八）二月、藤原宮・京から平城宮・京へ遷都する詔がだされている。わずか一四年で、藤原京から大和の最北端部に都を遷すことになったのである。そこで、藤原宮の殿舎で解体して運べるものは解体し、また、平城京に居住することになった官人たちも、藤原京の宅地の一部を解体したものをふくんで、邸宅を新たに構築したものと思われる。これには膨大な量の木材が必要になったであろう。

また、この遷都では、大安寺・薬師寺・元興寺・興福寺などの大寺院も移転した。加えて天平一七年（七四五）には、東大寺で盧舎那仏の造立が開始し、大伽藍の造営も進められている。

図31　法華寺金堂

法華寺金堂の造営と木材の調達

さらに、天平宝字三・四年（七五九・七六〇）に総国分尼寺として法華寺金堂も造営され、『正倉院文書』には、これに関連する「造金堂所解案」の史料が残っている。そこで、この法華寺金堂の造営に際し、木材をどのように調達したのか少しみることにする（図31）。

法華寺金堂の構築は、坤宮官《ごんぐうかん》、内裏《だいり》、法華寺《ほっけじ》、僧尼らによる寄進によって造営が計画されている。また、この法華寺金堂《こんどう》の構築は、東大寺の造営を担っていた造東大寺司が担当した。そして、造東大寺司は、主典《さかん》の安都雄足《あとのおたり》を別当として法華寺に派遣し、この造営を進めている。

法華寺金堂の構築では、木材に要した経費は三一九貫六七四文で、伊賀山で一〇四一材、丹波山で二〇三一材を伐採して建築材に作材し、桴《いかだ》で漕運している。しかし、これでは足りず、三三〇八材を七六貫五八五文で購入している。その内訳をみると、伊賀山の川津から簀子《すのこ》・歩板二〇〇材を七貫三〇〇文で、丹波山の川津から檜榑《ひのきくれ》（板の材料）・雑材二五〇材を二貫三〇〇文で、近江の高嶋山の川津から扇垂木・飛簷《ひえん》垂木・杉榑九五五材を七貫五四七文で、さらに泉川（木津川）の泉津から柱・桁・杉榑・檜榑・簀子・歩板・波多板・比蘇木《ひそぎ》（檜のそぎ板）など一九〇三材を五九貫四三八文で購入している。

これらの木材を購入した地域のうち、伊賀山は、木津川上流の伊賀の地域である。また、丹波山（京都府）は桂川の上流域である。さらに、近江の高嶋山で購入した木材を、安曇川、琵琶湖、さらに瀬田川によって漕運《そううん》している。しかし、購入した木材の大半は、平城京の北を流れる泉川（木津川市）の河畔の泉津で求めている。この泉津の木屋で購入する木材の七五％を調達している。

木材の輸送

これらの木材を、泉津から法華寺まで運ぶ必要があった。重量のある木材を、現在の木津川市の泉津から法華寺までの八キロ余を運ぶのに、「雇車」を利用している。この雇車は、泉津の運送業者が大八車に載せて運んでいる。そして、泉津から五八四〇材を、一一五六輌もの車に積んで輸送しており、その輸送費は、九七貫六〇六文で、木材を調達する総額は、四九三貫八六五文を要している。

この木材を調達する総費用は、福山敏男氏によると、総工事費は約三三〇〇貫と推測しているので、約一五％を占めたものと推測される（福山一九四三）。金堂の構築は残りの八五％で、基壇に凝灰岩を張り、堂内に壁を塗り、壁や天井に絵を描き、屋根を瓦葺きし、鴟《し》尾《び》をのせ、じつに豪華な金堂を構築している。なお、奈良時代の一貫は一〇〇〇文で、一文を現在の一〇〇〇円とすると、総工費は約三三億円ということになる。

石山寺の造営

古代におこなわれた造営に際し、他に木材を調達した細かな実態をよく知りうるものに、近江の石山寺の造営がある。この造営は、天平宝字五年（七六一）一〇月半ばに、淳《じゅん》仁《にん》天皇が平城宮・京から、近江の保良宮《ほらのみや》・京への遷都にともない、一一月に開始している。

石山寺の造営は、この保良宮の近くで写経事業を国家的に進めるためであった。そこで、近くにあった小さな仏堂、倉、雑舎二棟の石山寺を、写経事業にふさわしい寺にするのが目的であった。その計画は、石山寺の本堂を増改築し、新たに写経堂を作り、さらに法堂（講堂）・食堂・僧房・経蔵など二六棟を建てるものであった。費用は、造東大寺司がすべて負担したのである。そのため、一二月に造東大寺司は、法華寺金堂の造営に続いて、主典の安都雄足を石山寺造営の別当に派遣している。

木材の伐採・加工そして輸送

造東大寺司は、天平宝字五年一二月末に、木材を得るため、さっそく近江の甲賀山で作材に着手し、翌年の正月に野洲川の三雲《みくも》津《のつ》まで木材の一部を運んでいる。しかし、三雲津まで運ぶのに車代を多く必要としたので、そのまま中止している。

正月から安都雄足は、石山寺の南五キロにある田上山に木材を伐採し、建築材に加工する山作所を設けている。そして、この山作所の近くの川（天神川）岸で桴《いかだ》に組み、天神川—大戸川—瀬田川のルートによって石山寺の津に運んでいる（福山一九四三）。

田上山は瀬田川の南、東岸に連なる山地で（図32）、藤原宮の造営のころから檜材を桴に組んで漕運し、『万葉集』の「藤原宮の役民の作る歌」（巻一—五〇）に詠まれ、よく知られたところであった。

この田上山作所では、領《うながし》（統率者）の玉作子綿が責任者となり、造石山寺所から要請があった建築材を、木工工人らに指示している。その木材の製材が軌道にのった二月、田上山作所は二六八材を作り、三月には四八〇材を作って、石山寺へ漕運している。

図 32　瀬田川と田上山（北から）

このうち、三月の内訳をみると、柱二二・桁八〇・長押《なげし》八・束柱四・歩板六七・扇垂木九・木負《きおい》二二・戸調度三四・叉首《さす》四・架（垂木）二〇四・隅木四・波多板二・湯船板四などを漕運している。これらの木材は、計四七〇人によって近くの川津に運び、桴に積んで石山寺に送られている。

建物の造営工事と経費

一方、石山寺の建物を構築する現場では、建物の造営部門は、安都雄足と案主《あんず》（書記）の下道主《しものみちぬし》が担当し、写経事業は写経堂を中心に、主として案主の上馬養《かみのうまかい》が経理を担当して進めている。

造石山寺所に木材が到着後、木工長工の船木宿奈万呂を中心に建物の構築工事を進めている。また、この造営には、建物を建てる木工工人、壁を塗る土工人、画師、漆工工人らが参画し、さらに屋根の檜皮葺《ひわだぶ》き作業は、外注した雇工が葺いている。

また、この造営工事では、天平宝字六年（七六二）二月に、写経用の経堂と法堂（講堂）、温室（湯屋）を建てている。ついで三間僧房（大徳御室）、三月に仏堂（金堂）の構築を開始した。これと併行して四月から、上僧房・中僧房・下僧房の構築を進めている。仏堂は七月に壁塗りし、造営は終了した。総工費は四〇〇貫である。田上山作所での木材の調達では、輸送は桴のみであった。木材の費用には、信楽《しがらき》で藤原豊成《とよなり》の信楽殿を購入して運んだ四五貫七六〇文がふくまれている。しかし、総工費の約四〇〇貫は、二六棟を構築した総額であり、平城京での法華寺金堂の総工費約三三〇〇貫からみると、八分の一であった。

このような少ない経費におさえることができたのは、石山寺は瀬田川河畔に位置し、建築資材の輸送に、雇車をまったく使用しなかったこと、また金堂の屋根を檜皮葺きにし、瓦葺にしなかったことによるところが大きい。

6　建築資材の運送と車

建築資材の運送

飛鳥や藤原京に続いて、平城京でも薬師寺や大官大寺など藤原京にあった官寺が移され、大規模な寺院が造営されている。また、その後も、しばしば堂塔を加える造営もおこなわれている。

このような寺院造営では、礎石、基壇外装の石材、さらに太い柱をはじめ、梁・桁・垂木・板など、多くの建築資材を必要とした。そして、これらの建築資材は、人力や馬でも運ばれたが、その効率が悪いので、奈良時代には車がよく利用されている。

天平五年（七三三）正月一一日、光明皇后の生母である県犬養橘《あがたいぬかいたちばなの》宿祢《すくね》三千代《みちよ》が没した。そこで興福寺で一周忌をおこなうために、新たに西金堂が造営されている。『正倉院文書』には、この西金堂の造営に関連する文書「造仏所作物帳」が残されている。この文書は、西金堂の造営をおこなった皇后宮職に所属する造仏所によって作成された経理部門の文書の一部である。

西金堂の構築には多くの建築材を必要とし、これらは泉津に設けられていた皇后宮職の木屋《きや》（所）で調達され、興福寺まで輸送されている。そして、この文書では、建築材の一部として、泉津で檜の榑《くれ》一二八〇枚を一三貫五四〇文で購入し、泉津から車六四両、輸送費二貫四八文で興福寺の構築現場まで輸送しており、また波多板三八枚、倉代の壁板二四枚、床板四〇枚、仏座の板四一枚など板一四五枚を購入し、車二九両で輸送し、九七八文を支払ったことを記している。この車による榑と波多板の輸送費は、一文を現在の一〇〇〇円とすると、三〇〇万円ほどになる。

これらの輸送費は、種々の板を作る榑と波多板を購入した輸送費なので、さらに柱・梁・桁・垂木などを泉津から車で運ぶことが必要であった。なお、西金堂の造営費は、福山敏男氏によると、総額は二〇〇〇貫（二〇億円）と推測されている（福山一九四三）。

さらに、『正倉院文書』に収録されている寺院の造営に関連するものに、「法華寺金堂解」がある。この文書は、天平宝字三・四年（七五九・七六〇）に、光明皇后によって法華寺に金堂を造営した際の経理の文書である。この造営は、造東大寺司が担当し、主典である安《あ》都雄足《とのおたり》を別当として派遣しておこなわれている。

法華寺金堂の造営と資材の運送

福山敏男氏による法華寺金堂の研究によると、この文書は法華寺に設けられた阿弥陀浄土院の造営に関連するもの（福山一九四三）としたが、造営時の状況からすると、東大寺の造営に続く総国分尼寺として法華寺の金堂を造営した際の文書に推測されるものである。この造営では、建築材を伊賀山一〇四一物、丹波山二〇三一物がそれぞれの山作所で伐木して製材され、さらに近江の高嶋山で九五五物、泉津で一九〇三物を購入し、河川や琵琶湖を桴《いかだ》に組んで漕運している。そして、これらの建築材は、泉津で雇った車一一五六輌によって、法華寺に運搬されている。その他にも、生駒の高山から築地用の垂木二三〇五本が購入され、これらも車と馬で運ばれている。

　また、金堂基壇の外装に用いる凝灰岩の大小の切石一九六五個が三七五五人の石工によって生駒山で作られ、これらを雇った車によって輸送している。その石材の輸送費は、福山敏男氏による積算では、一両の輸送費が五〇文で、一六八貫八九〇文（二億二六九八万八一六〇円）を必要としたとしている。そして、金堂の総工費は、約三三〇〇貫と推測されている（福山一九四三）ので、現在の金額では、約三三億円を費やしたと推測されている。

　このように、興福寺の西金堂、また法華寺の金堂の造営では、建築材や石材が、馬や人力ではなく、車で輸送されているので、奈良時代には重量のかさむ建築資材などの運送の多くは車を利用して輸送していたことがわかるのである。

車の出土資料

古代に使われた車の資料は、少ないながら奈良県小立《こだち》古墳、平城宮跡、兵庫県吉田南遺跡などから出土している。小立古墳は、飛鳥の山田寺の東北一㌔にある全長三四㍍の帆立貝式の古墳である。家・蓋《きぬがさ》・短甲・馬・鶏などの形象埴輪がともなっており、五世紀後半のものである。車の資料は、この古墳の周濠をおおう七世紀後半の埋土から外輪三点、内輪三点、輻《ふく》（車輪のスポーク）七点、楔八点が出土している。

外輪の一つは、中央部の破片で、中央と両端の三ヵ所に輻を挿入する枘穴《ほぞあな》がある。また、内輪の二点は、外輪と組み合って出土し、両端に出枘と二ヵ所に輻を挿し込む枘穴がある。これらの木製品によって直径一・二㍍の車輪が復元される（図33）。この車輪は大八車型の車輪として使用されたものと推測されている。

また、吉田南遺跡のものは、八世紀後半から九世紀のもので、丸木を輪切りにした車輪で、両面の中央に円筒上に軸受けを突出させた径六〇㌢の小型のものである。また平城宮跡のものは、八世紀後半から九世紀前半の車輪の一部で、全体は知りえない。

このように、古代の車の出土資料は乏しいながら、『正倉院文書』によると、平城京およ

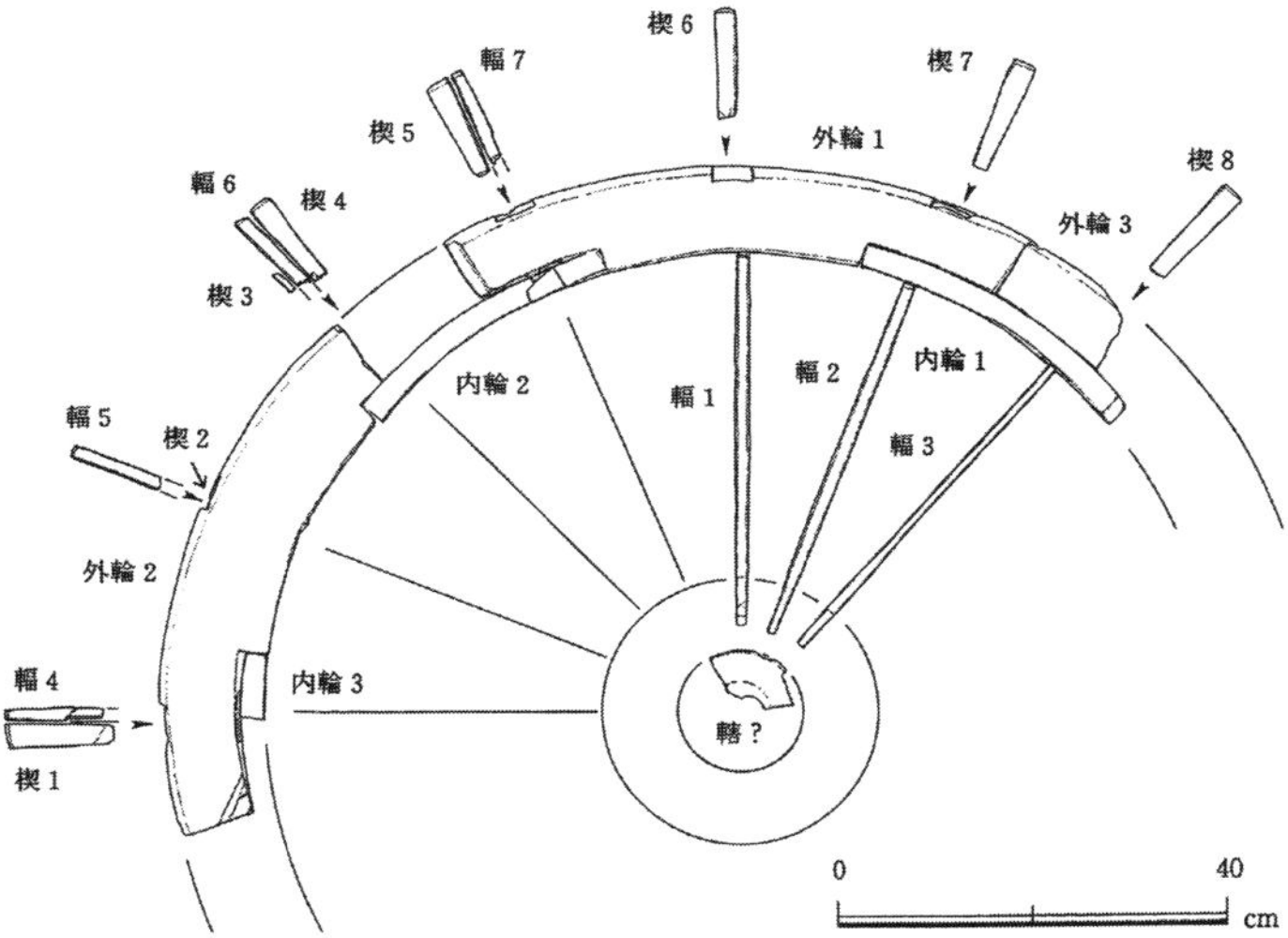

図 33　桜井市小立古墳の木製車輪
（橋本輝彦「奈良県桜井市・小立古墳出土の車輪について」『古代交通研究』13、2004 年）

び周辺では、寺院の堂塔を構築する石材、木材、さらに生銅などの輸送には、しばしば車が使用されていた。

人力と車

大型の建築材を運ぶにあたり、『正倉院文書』の天平宝字六年（七六二）三月一八日付の「造石山院所符案」によると、甲賀山作所の車庭から三雲川津へ柱や架（垂木）を運ぶ際に、人力もしくは車を利用する際の基準は、泉津の車代を基準に判断していた。そして、『延《えん》喜《ぎ》木工《もく》寮式《りようしき》』には、人力によって運ぶ量は、人別三二〇〇～二六〇〇立方、車は両別二万七〇〇〇立方と記されており、車が八・四倍から一〇・三倍の量を運べるとしている。なお、後世に一般に使用された大八車（代八車）は、人力の八倍運べるということから名づけられたという。

河川を利用した輸送

さて、天平宝字五年一二月、保良宮・京への遷都にともない石山寺を大増改築することになった。この造営は、造東大寺司が担当することになり、別当として安都雄足が派遣されている。この造営では、翌年の正月に、近江の甲賀山作所で伐採した建築材を山作所から三雲川津まで車で輸送している。その直後、安都雄足は石山寺から六キロ南にある田上山に新たに山作所を設け、必要とした建築資材を伐採し、建築材に製材したものを、天神川、大戸川、瀬田川を桴で漕運させた。その結果、二六棟の建物の大増改築を、一年弱の短期間で完成させている。

安都雄足が石山寺を造営する建築材の採取を、甲賀山作所から田上山作所に変更したのは、必要とする建築材を伝達するのに時間を必要とした点もさることながら、山作所から桴に載せる津まで車送する費用を省くことに主要な要因があったものと推測される。

一方、法華寺金堂の造営では、生銅を河内の智識寺から車一二輌で輸送している。古代の河川には、宇治橋・勢多橋など、ごくわずかの河川しか架橋されていなかったことからすると、この遠距離の輸送は、途中に車による輸送に支障をきたす大きな河川がなかったことによるものと思われる。

しかし、興福寺西金堂の造営では、飛鳥にあった島宮から藁六三〇団を、車賃七〇文、あるいは七五文を支払い、車九輌で運んでいる。飛鳥から法華寺まで約三〇キロを、車で輸送するのに、河川の影響がまったくなかったのかどうか、考える必要がある。

さらに、奈良時代の車の利用で残る問題に、平城京の内外では建築資材の輸送に、車を多く使用しながら、平安京のように人が乗る車が使用されなかったのはなぜか、これも改めて考えてみる必要があるであろう。

7　平城京の外港・泉津と木屋所

平城京への遷都

和銅元年（七〇八）二月一五日、元明《げんめい》天皇は藤原京から平城京への遷都の詔《みことのり》をだした。平城京の地は四禽図《しきんと》に合っており、遷都するので造営する資財を奏上せよ、また秋の収穫を待って、道路や橋を造るようにせよと述べている。そして、三月一三日、正五位上の大伴手拍を造宮卿に任じている。

その後の九月三〇日、少し遅れて造平城京司長官が任じられ、一二月五日、遷都する平城宮の地で地鎮祭がおこなわれている。そして、造営が開始し、和銅三年（七一〇）三月一〇日、平城京へ遷都した。しかし、『続日本紀』同四年九月四日条は、平城宮の大垣は、いまだ未完成で警固が不十分なので、武器を収納する兵庫は固守するようにと命じている。平城宮の大極殿に元明が出御したのは、霊亀元年（七一五）正月元日のことで、遷都してから五年後のことであった。

宮都の造営と木材の輸送

藤原京と平城京との距離は、二〇キロほどであり、飛鳥宮から藤原京に遷都して一〇数年しか経過していないので、藤原宮の大極殿院、朝堂院、内裏、さらに官衙の建物には、解体して移築しうるものも少なくなかったであろう。また、藤原京内の官人らの居宅の建物も、移築し再利用できるものも少なくなかったと思われる。

しかし、遷都した平城宮では、新都にふさわしい建物が新たに多く構築されたものと推測される。平城京内に建てられた官人らの居宅も同様だったであろう。それには膨大な量の建築材が平城京周辺の山地・丘陵地に求められ、陸路で運ぶのはもとより、平城京に最も近い泉川《いずみがわ》（木津川）（図34）の泉津に漕運された木材によって、平城宮の建物、京内の官人らの建物が構築されたものと推測される。

泉津の木屋所に木材が集まる

さて、宮都の造営では、『万葉集』巻一の「藤原宮の役民《えきみん》の作る歌」に、近江の田上山から多くの檜《ひのき》材を桴《いかだ》で、瀬田川、宇治川、泉川（木津川）を経由して泉津に漕運し、さらに陸路で佐保川まで運んで藤原宮の近くまで輸送されている。

図34　木津川（泉川　東から）

山背の泉津には、多くの木材が漕運されてきたので、まさに木津と呼ぶべき港津をなしていた。そして、『正倉院文書』天平十一年(七三九)六月四日付の「泉木《いずみのき》屋《や》所解《しょげ》」には、皇后宮職に所属する泉木屋所が写経所用の柱、檜榑《ひのきのくれ》（板を作る材)、簀子《みす》を購入しており、泉津に木屋所を設けていた。

また、『大安寺資財帳』には、大安寺が大和国山辺郡に波多杣《はたそま》、伊賀国伊賀郡に太山杣を有し、そこから名張川、木津川によって木材を泉津の木屋所に漕運している。この大安寺木屋所の隣に薬師寺の木屋所もあった。

さらに、天平宝字六年（七六二）閏十二月十九日付の『正倉院文書』によると、造東大寺司の泉津木屋の領《うながし》の山辺武羽《やまべのたけはね》が、造東大寺司のために、泉津で榑や波多板を購入している。この造東大寺司の木屋所には、遡る同年一〇月には、造東大寺司が近江の石山寺で大造営をおこなった際の残材が桴《いかだ》で運ばれている。また西大寺も泉津に木屋所を設けていたことを『西大寺資財帳』に記している。

このように、泉津には、皇后宮職、大安寺、薬師寺、造東大寺司、西大寺などが材木を集積し、管理し、交易する木屋所があったことがわかる。

さまざまな機関が設けた泉津の木屋所

さらに、『正倉院文書』の「造仏所作物帳」によると、遡る天平五年（七三三）正月、光明皇后の母である県犬養橘《あがたいぬかいたちばなのすくね》宿祢三千代《みちよ》が没したので、一周忌の斎会のために興福寺に西金堂を構築することとなり、造仏所は泉津で建築材の檜榑、波多板を購入し、車で運んでいる。また、天平宝字三・四年（七五九・七六〇）、法華寺金堂を造営した際も、造東大寺司は、泉津で柱、桁、榑、波多板、比蘇木《ひそぎ》、歩板、簀子を購入している。

ところで、古代の泉川は、後に木津川と呼ばれたように、泉川河畔の泉津は、大量の木材の集散地であった。ここには、木津川とその支流によって、大和、山背、伊賀、近江、丹波から多量の木材が運ばれていた。『正倉院文書』と寺院の『資財帳』などから、泉津には木屋所（木屋）があったことがわかるが、これらの泉津の木屋所には、令外の官司ながら皇后宮職、造東大寺司などの官司が設けたもの、大安寺、薬師寺、西大寺のような平城京の寺院が設けたものがあった。そして、ここに官司による木屋所があったとすると、平城宮の大規模な造営を担った造宮省、さらに恒常的に建築工事に携わる木工寮《もくりょう》、修理を中心とする修理職《しゅりしき》の木屋所も設けられていたことが推測される。また、寺院のものも所在したことからすると、平城京の興福寺、元興寺の木屋所もあったとみて間違いないであろう。

さて、天平宝字五・六年（七六一・七六二）におこなわれた石山寺での大増改築では、造東大寺司は造石山寺所の別当として安都雄足《あとのおたり》を派遣し、造営工事を担っている。この別当を担当した雄足は、下級官人ながら瀬田の地に庄という倉庫をもつ別宅を有し、それを活用して石山寺の造営工事を円滑に進めている。

泉津には、安都雄足のような下級官人が所有する庄がいくつか設けられ、この下級官人が経営・調達した木屋所から、平城京に居住する多くの氏族たち、時には官司、大寺が木材を購入することも少なくなかったものと推測される。

木屋所に関連すると考えられる上津遺跡

ところで、泉津に設けられた公私の木屋所は、津の船着き場の周辺に設けられた市とともに、泉川（木津川）の南河畔に多く設置されたものと思われる。この泉津に設けられた木屋所に関連し、これまで木津川南河畔で発掘された遺跡に上津《こうづ》遺跡がある。

この上津遺跡は、木津川市木津町宮ノ裏に所在し、これまで数回の発掘がおこなわれている。その結果、数棟の小規模な掘立柱建物と溝などが検出されている。遺物には舟で近隣から運ばれてきた土師器・須恵器とともに、三彩陶・二彩陶の小型壺三個、蓋三個、軒瓦などが出土し、注目されている。

これらの出土した遺物のうち三彩・二彩陶の壺は、河川での木材の漕運、あるいは山林での木材の伐採にともなう祭祀で使用されたもの、もしくは使用するための祭祀具と推測されるものである。また、瓦類は恭仁宮の造営に際し、平城宮から運んだ際に破損し、投棄されたものと思われる。さらに検出された遺物からすると、この近くに官司による木屋所の施設があり、さほど離れていないように推測される状況であった。

木屋所と考えられる関津遺跡

そこで、奈良時代の港津においた木屋所が発掘されている遺跡をさらに求めると、滋賀県大津市の関津《せきのつ》遺跡がある。この関津遺跡では、奈良時代の中頃に建てられた規模の大きな掘立柱建物群が検出されている。これらの建物には大柱穴と小柱穴によるものとがある。

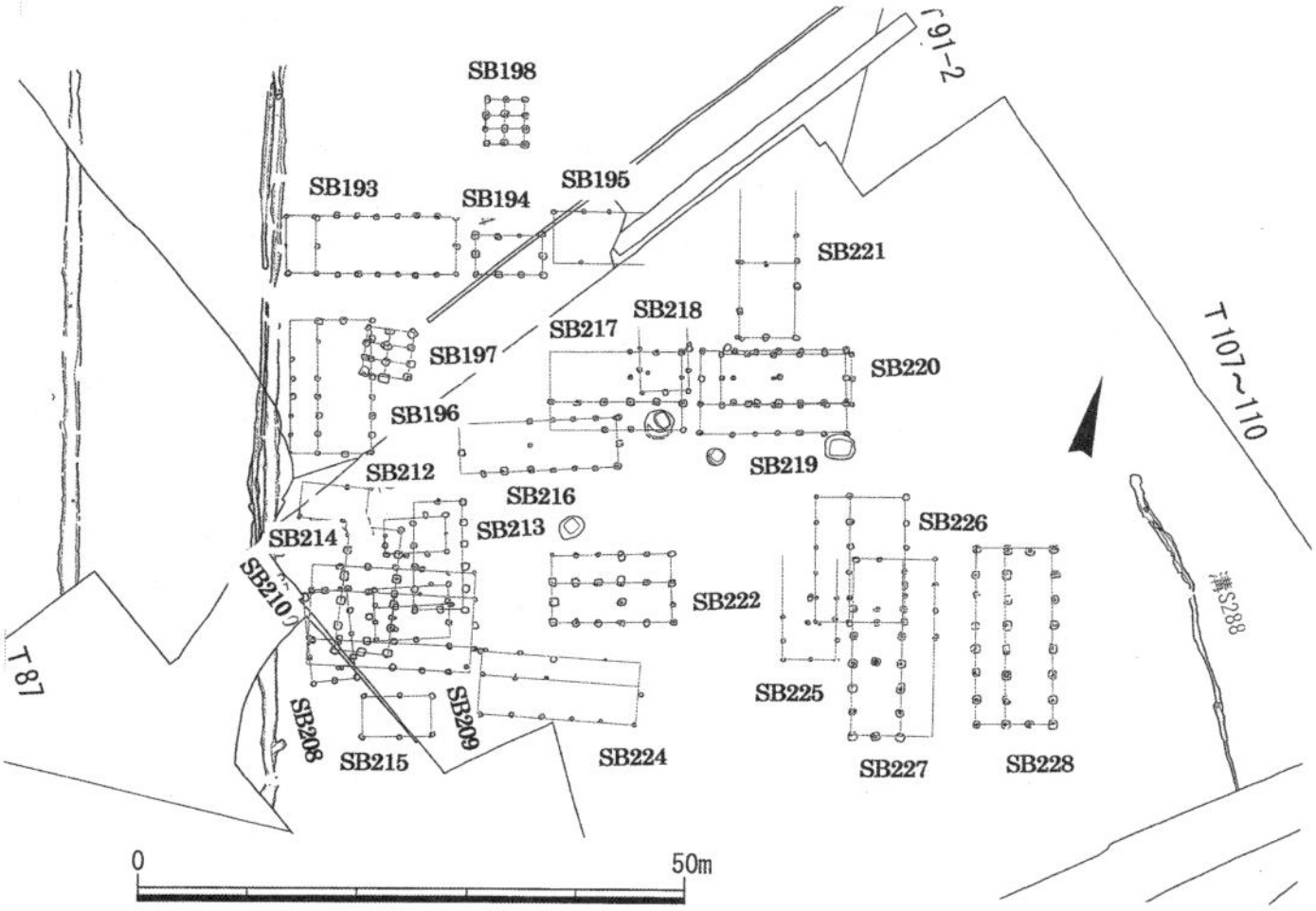

図35　関津遺跡と木屋所の遺構
（滋賀県教育委員会『関津遺跡Ⅲ』2010年）

大柱穴の建物は、政所など官衙的な建物、一方の小柱穴ながら規模の大きなものが数一〇棟も見つかっている。これらは瀬田川河畔にあった関津の周辺に設けられた柱・桁・梁・榑などに製材した木材、あるいは粗く加工した建築材などを収納した収蔵庫、あるいは覆屋《おおいや》のような建物を推測させるものが少なくない（小笠原二〇二二）（図35）。ここに収納された木材は、近くの田上山から伐木してここに運ばれたものと考えられる。

遺物には多くの土師器・須恵器とともに、三彩陶器、須恵器の硯、木簡などが出土している。まさにここは瀬田川に設けられた関津の木屋所と推測されるものである。これらの木屋所の遺構は、在地の郡司や有力氏族が経営・管理し、ここで木材を交易したものと思われる。

第三章

平城京をめぐる軍事と警護

1　平城宮・京と警護体制

平城宮の門と警備

奈良時代の平城宮・平城京は、国家の政務を担う中枢部であったので、その警備のために、五衛府《ごえふ》の官司が設けられていた。五衛府とは、文官、武官のうち、武官からなる衛門《えもん》府、左右衛士《えじ》府、左右兵衛《ひょうえ》府の官司である。このうち衛門府は、平城宮の外門にあたる宮城門を警護し、その内部にあたる中門（宮門）（図36）内は、衛門府と兵衛府、内門（閤門《こうもん》）（図37）内は兵衛府が警護にあたっていた。内門の内側は天皇の居処であった内裏《だいり》、中門内は大極殿院や朝堂院、諸官司などが相当するものと推測される。

平城宮の諸門のうち、内部の宮門と閤門には、その門の通過を認められた官人の名前が記されていた。記されていない者は許可された名を記す札を必要であった。ただし、五位以上の高官らは、どの門も自由に出入りできた。平城宮跡からは、門の出入りに関連する人名を記した木簡が少なからず出土している。

図 36　平城宮の中門（大極殿院南門）

図 37　平城宮の内朝（内裏）

地方から派遣された衛士

これらの警備にあたった衛士と兵衛のうち、衛士は地方に設けられた軍団から派遣された兵士である。また、兵衛は、ツワモノノトネリという律令制が採用される以前の飛鳥朝廷での警固や職務に従事したもので、地方の郡司の子弟や官人の子弟からなる兵士である。

このように、奈良時代には平城宮と平城京を警固するため、衛門府は四〇〇人、左右衛士府は各四〇〇人の合計一二〇〇人の衛士が地方から派遣されていた。また、地方の首長層の子弟と官人の子弟からなる左右兵衛府は、計八〇〇人の兵衛で編成されていた。これらのうち地方の軍団から派遣された衛士は、平城宮・平城京への遷都に際して、造営工事にかかわる役夫《えきふ》集団の監督などにあたった他に、まだ完成していない平城宮の門や垣の警備、ときには造営工事の一部の労働にまわされることもあり、労役の負担はじつに大きなものであった。そのため、養老六年（七二二）に、地方からの衛士や仕丁《しちょう》は、三年交替制が採用されている。しかし、派遣された衛士は逃亡する者が少なくない状態であった。

そこで、平城宮・平城京での警固部門は、しだいに衛士から兵衛を主体とする体制に移行している。そして、左右衛士府と左右兵衛府とが担当していた京内の夜警の警備も、天平一〇年（七三八）ごろには、兵衛と神亀五年（七二八）に新設した中衛府の舎人《とねり》三〇〇人が分担するようになり、衛士の担当は外されている。

授刀舎人の性格

ところで、慶雲四年（七〇七）六月、文武《もんむ》天皇が没すると、文武の子の首《おびと》皇子（後の聖《しよう》武《む》天皇）が幼少のため、文武の母である元明《げんめい》天皇が即位した。そこで、天智《てんじ》・天武《てんむ》系の皇子たちに不満が生じることが予測されたものと思われる。特に首皇子は、藤原氏（宮子《みやこ》）を母としており、皇位の継承は不安定なものであった。

同年七月一七日、元明が即位すると、その四日後に「授刀舎人《たちはきとねり》寮《りよう》」の官司が設けられている。この授刀舎人とは、大刀を帯びて天皇の宿直や警備の任にあたるもので、令制の内《う》舎人《どねり》や兵衛に近いものであった。そして、養老六年（七二二）には、授刀舎人寮の長官は、藤原不比等《ふひと》の二男の房前《ふささき》が任じられている。

授刀舎人寮は寮の官司なので、この長官は、通常は従五位である。しかし、従三位という高官の房前が長官に任じられている。これは、元明が首皇子への皇位継承を主な目的とした一種の私兵的な性格が内在する警備の官司を設けたものであった。しかし、藤原氏にとっては、後述するように、藤原氏が利用できる私兵ともいうべき性格のものであった。

中衛府と藤原氏

聖武天皇が即位すると、その五年後の神亀五年八月、中衛府が設けられた。この中衛府は、大将、少将、将監《しょうげん》、将曹《しょうそう》と中衛舎人三〇〇人からなるものであった。初代の長官（大将）は、それまで授刀舎人寮の長官を担っていた藤原房前であった。しかも、中衛大将は従四位上の官位で、その職務が天皇側近の宿直や警備を担うもので、令制の兵衛府と同様のものであった。しかも、中衛府は左右兵衛府よりも高い地位におかれたので、兵衛府はそれまでの本来の職務の多くを中衛府にあけわたし、弱体化した衛士の任務を補う方向にむかわざるをえなくなった。

新たに設けられた中衛府は、天皇の私的な武力であったが、長官の大将を藤原房前が担っているように、聖武を支える藤原氏の軍事部門での勢力をいっそう強めるためになされたものであった（笹山二〇〇四）。その後、この中衛府の大将は、一一人が担っているが、吉備真備《きびのまきび》と坂上田村麻呂《さかのうえのたむらまろ》の二人以外は、すべて藤原氏が占めている。

皇位継承と武力

聖武の後継者として、聖武と光明皇后との間に生まれた阿倍《あべ》内親王が天平一〇年（七三八）に皇太子となった。この年は、天然痘が感染拡大し、藤原四子があいついで没した翌年であった。しかし、未婚の皇女が皇嗣になった例がないのと、なお県犬養広刀自《あがたいぬかいひろとじ》との間に生まれた安積《あさか》親王に期待する官人も少なくなかったようである。

そこで聖武は、阿倍内親王の地位を上げる必要があった。また、甲賀宮《こうがのみや》から平城宮・京へ還幸した後の天平一七年（七四五）九月、聖武は難波宮へ行幸中に危篤となると、橘奈良麻呂《たちばなのならまろ》による長屋王の遺子の黄文《きぶみ》王を皇位につける動きもあり、聖武は阿倍内親王を擁立するため、翌年の二月、騎舎人《うまのりのとねり》を改めて授刀舎人を設置している。これは、機動性にとむ騎兵からなり、後に授刀衛《じゅとうえい》と名を変え、孝謙《こうけん》上皇を支える私的な武力となったものである。

聖武が没した翌年の天平宝字元年（七五七）一〇月、橘奈良麻呂によるクーデターが事前に発覚し、奈良麻呂と加担した大伴《おおとも》氏、佐伯《さえき》氏、多治比《たじひ》氏などの諸氏が政界から排除された。そして、中衛府の大将を藤原仲麻呂が担った。しかし、天平宝字四年（七六〇）、光明皇后が没すると、孝謙上皇と淳仁《じゅんにん》天皇が対立するようになり、仲麻呂は中衛府のみならず、五衛府、軍団の軍事力をもみずから掌握している。しかし、孝謙上皇側がクーデターをおこすと、孝謙上皇側の授刀衛と仲麻呂の手兵としての中衛府との戦いが近江を舞台に展開した。しかし、仲麻呂は官人層の支持を得られずに敗死している（仁藤二〇一二）。

大伴・佐伯氏の没落と藤原氏の進出

一方、奈良時代の初期には、大伴氏は、中央政界で最有力の氏族の一つであった。大伴御行《みゆき》、その弟の安麻呂《やすまろ》があいついで大納言となっている。安麻呂が没すると旅人《たびと》が大伴氏を代表し、養老二年（七一八）に中納言になっている。ところが、この頃から藤原氏の政界での進出が著しくなり、聖武が即位すると政界を圧するようになっている。橘奈良麻呂の変以前には、大伴氏、佐伯氏らが五衛府の上級官職の多くを占めていたが、奈良麻呂の変の後は、両氏の伝統的な地位は一挙に崩れ、軍事部門にも藤原氏が著しく進出するようになった。

そして、仲麻呂が敗死した後は、新たに近衛府・中衛府・外衛府からなる三衛の制度が採用され、改革されている。だが、これらの三衛は、いずれも舎人を編成したもので、地方の軍団を基盤とした衛府制度はいっそう衰退している。

2　古代国家と軍団

軍団の構成

古代には地方の各国に軍団と呼ぶ軍事組織が設けられた。この軍団は、持統四年（六九〇）に編成された庚寅《こういん》戸籍という戸籍をもとに、大宝律令の制定とともに作られた徴兵制である。

これは戸籍に正丁《せいてい》と記す男子（二一～六〇歳）の三分の一ないし四分の一を兵士とした常備軍である。兵士はほぼ一戸一兵士制をもとにおこなわれ、奈良時代の後半では五〇戸で一郷とすると、全国で約四〇〇〇郷があるので、約二〇万人から編成される軍事組織であった。

この軍団は、毎年、国司が戸籍から計帳《けいちょう》を作成するときに、死亡、年齢、体力、疾病などを勘案して入隊、除隊する兵士を確定し、その兵士の名簿を二通作成し、一通は地方の国衙《こくが》で保管し、もう一通は公私の器仗《きじょう》、馬牛、船などを記した帳簿とともに、一〇月三〇日までに兵部省に提出した。

各国で四郡ごとに設けた軍団では、兵士に指名された正丁の男子は、出身地に近い軍団に配属された。これらの兵士を統率する将校には、大毅《だいき》、少毅《しょうき》、校尉《こうい》、旅師《ろそち》、隊正《たいしょう》などがあり、これらは地方の有力氏族が任じられた。そして、これらの軍団の兵士は、将校の指揮のもと、歩兵隊と騎馬隊に区分されていた。

軍団の訓練

軍団で大半をなす歩兵隊の訓練は、一〇日交替でおこなわれ、年に六〇日にわたって訓練された。軍団の兵士は、一〇人を「火《か》」と呼び、五火の五〇人で一隊をなし、二隊（一〇〇人）を「旅」、数隊を「団」として編成され、合同の訓練を合宿しながら受けた（図38）。それ以外の日は、通常の農事などにかかわる生活をした。

軍団の兵士は、正丁が担う課税の庸《よう》と雑徭《ぞうよう》は免除されたが、武器と装備は自弁であった。そして、隊の火（一〇人）単位に決められた兵士の装備は、武器のみでなく、テント、釜などの炊飯具、斧・小斧、鑿《のみ》、鎌などの工具、鍬《くわ》などの土木具などをふくむ遠征、野営を想定した重装備があり、これらは軍団の倉庫に収蔵された。また、毎年、曝涼《ばくりょう》し、三年に一回は点検し、修理した。武器・武具には甲《よろい》・横刀・弓・弓矢・胡籙《ころく》などがあり、これらは統一した規格があり、国ごとに年間の製造数量、修理費がさだめられ、兵士の装備は、国衙の財政で製造し補充されている。

さて、軍団での訓練は、弓術、剣術などの武術、兵士として国家を守る意識をもつ精神を鍛えた。そして戦いでの陣法訓練として、一隊は五人一楯で前列五楯の二五人、後列五楯の二五人の基本隊形をなして整列し、行進し、突撃し、後退する訓練がおこなわれていた。また兵士のうち、騎兵隊には富裕層の農民が充てられ、支給された騎馬を飼育し、調教し、六〇日間の固定した訓練は免除された。

図38　軍団の印
（遠賀団印、東京国立博物館所蔵、ColBase〈https://colbase.nich.go.jp/〉）

そして、もし戦いがおこると、太政官から命令を受けた兵部省は、軍団の帳簿をもとに、諸国の兵士の動員数、兵器、牛馬、軍糧などを算出し、動員することになったのである。

衛士・防人としての派遣と実戦

このような軍団の兵士らは、長く服役する期間中に、一年は京に派遣されて衛士《えじ》になり、また三年は九州で防人《さきもり》になる義務もあったのである。これには、西国諸国の兵士の一部は、一年交替で平城宮・京などへ衛士として派遣され、平城宮や京の警護にあたった。また、東国諸国の兵士の一部は、防人として派遣され、三年間、大宰府《だざいふ》管内に配備されている。各地の兵士は、前述のように庸と雑徭は免除されたので、この点を重視すると、国家は三分の一の庸の収入と道路・池・堤などの修理にあたる雑徭を犠牲にしたことになるのである。

さて、この軍団の兵士が戦いに参じた例に、天平一二年（七四〇）九月二日、大宰府管内で起こした大宰少弐《しょうに》の藤原広嗣《ひろつぐ》の乱がある。この乱では、広嗣は大宰府の指揮下にある九州の軍団兵士一万人を集めて乱をおこした。そこで、聖武天皇は、大将軍に大野東人《おおののあずまひと》、副将軍に紀飯麻呂《きのいいまろ》を任命した。じつは、軍団は天平一一年から天然痘の感染症拡大もあり中止していたが、にわかに山陽道・南海道・山陰道・東海道・東山道から一万七〇〇〇人の軍団兵を招集し、追討軍を派遣している。

この戦いは、九州管内の西海道の軍団兵士と国家が招集した軍団兵士とが戦っている。初戦に、豊前国の京都《みやこ》郡、企救《きく》郡、遠賀《おんが》郡などで戦闘が展開している。その後、豊前国大領の楉田勢麻呂《しもとだのせまろ》が率いる騎馬五〇〇騎が政府軍に帰順すると、広嗣軍は劣勢となり、一一月初めに鎮圧されている。

軍団と想定される遺跡

ところで、各国の軍団は、将校の軍毅らが勤務する庁舎の院、兵士を教練する練兵場、武器、装備を収納する武器庫や食糧庫、軍団兵士の宿泊所などから構成されたものと推測される。しかし、これまで軍団の遺跡を発掘した例は乏しく、現状では岡山県津山市の大田茶屋遺跡がその候補と考えられている。

この大田茶屋遺跡は、美作国府《みまさかこくふ》跡の北一キロの宮川東岸のなだらかな丘陵上に所在している。遺跡の西地区に建つ建物群はⅠ期とⅡ期に分かれ、Ⅰ期は二棟の大型建物とまばらな中・小の建物、Ⅱ期にはⅠ期の大型建物のあとに塀でかこまれた建物が建てられ、その南に東西対称に配した建物と南北に棟を揃えて四棟の中型建物が配されている。これらは八世紀後半から九世紀前半のもので、この遺跡では、西地区の東に広い空閑地があり、その南に東西五〇メートルを越える二列の柱穴列が重複して連なり、その東端で南北方向に二列の柱穴列が延びている。そして、二列の柱穴列は、軍団で訓練を受けた兵士らの宿舎に推測する考えがある。また、大田茶屋遺跡の西地区では、奈良時代の軒丸瓦《のきまるがわら》、軒平瓦が出土し、官衙《かんが》と推測されており、倉庫も二棟検出されているので、軍団の武器庫と食糧庫とする考えがだされている（下向井二〇〇五）。

しかし、発掘調査報告では、これらの兵士の宿舎とする二列の柱穴列は、時期がさらに

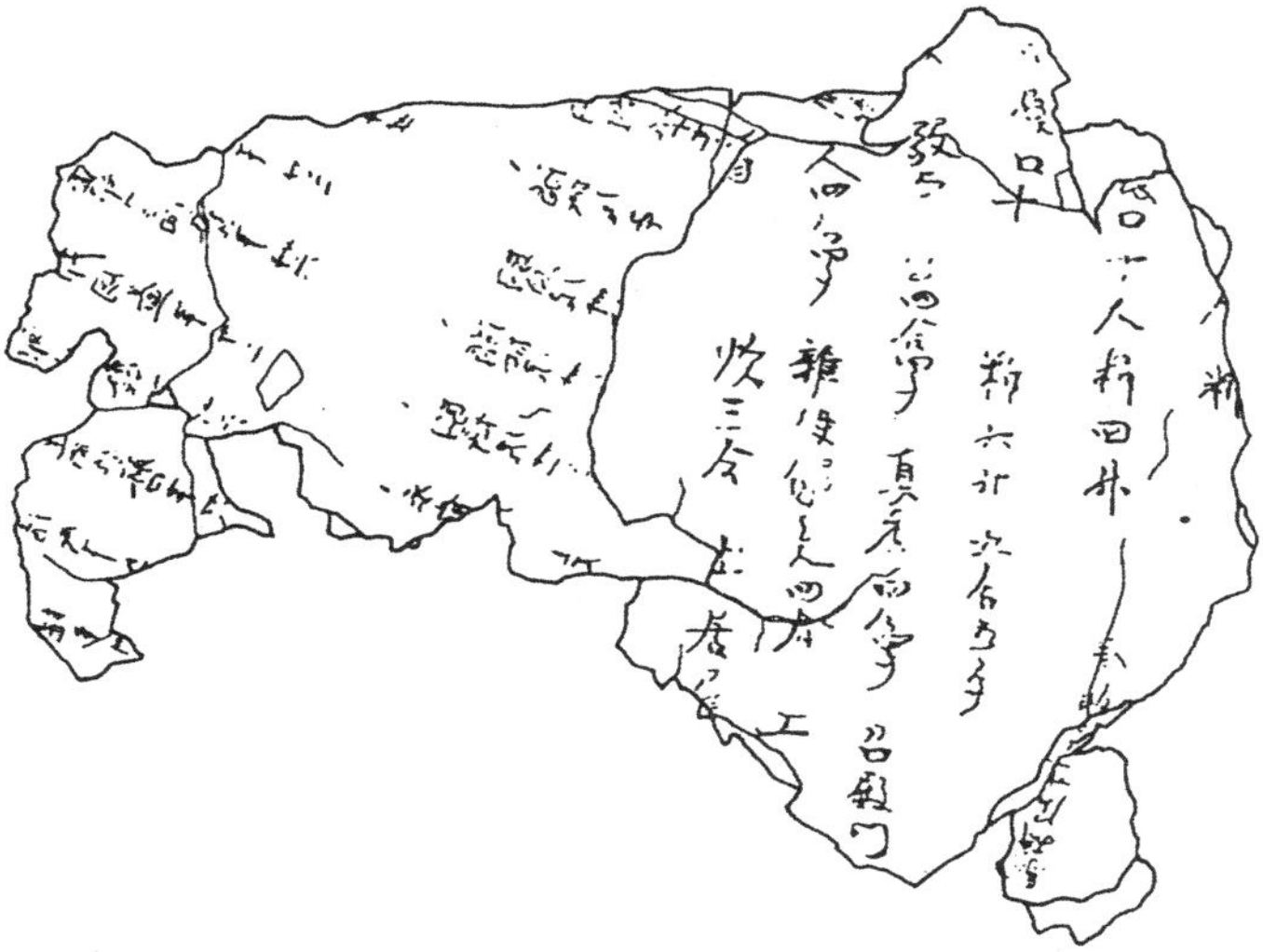

図 39　胆沢城出土の戸番を示す漆紙文書
（平川南『漆紙文書の研究』吉川弘文館、1989 年）

下がるものとして記している。この大田茶屋遺跡の建物群が軍団の施設とした場合、兵士の武器・武具、食糧などを収納する倉庫が少なすぎるように思われる。また、二列の柱穴列を宿舎とした場合でも、その構造にも、なお検討の余地を残している。

軍団の編成・装備を記した文書

ところで、東国の蝦夷《えみし》に対処して設けられた岩手県胆《い》沢城《さわじょう》跡から出土した軍団の兵士の編成を記した漆紙文書《うるしがみもんじょ》（図39）には、陸奥国柴田郡の人名の年齢、郷名、戸《こ》主《しゅ》名、戸口《ここう》を二段に記しており、軍団の隊の編成は、同一の郷の兵士のみでなく、郡内の各郷の兵士で編成されていた。

また、茨城県石岡市の鹿の子《かこ》C遺跡では、軍団兵士の装備を列挙した帳簿の断片の漆紙文書が出土しており、兵士は、それぞれが弓・大刀・鞆《とも》・脛裳《はばきも》・腰縄・頭纏《あたままとい》・水甬《みずおけ》・塩甬《しおおけ》・小鉗（金属製のはさむもの?）・縄解などの装備を常備する必要があったのである。

古代の軍団に関連する施設や兵士を訓練する練兵場、宿舎などの実態は、なお、これからの発掘で解明すべき課題である。

3　馬と軍事

古墳時代の馬の導入

『魏志倭人伝《ぎしわじんでん》』には、日本に「牛馬虎豹羊鵲《かささぎ》無し」とあり、牛馬がいなかったと記している。馬が日本に導入され、乗馬の技術が伝えられたのは、古墳に立てられた形象《けいしょう》埴輪《はにわ》からみると、五世紀前半のことであった。

五世紀の古墳では、大阪府羽曳野市の伝応神陵古墳の陪冢《ばいちょう》である丸山古墳から、金銅製龍文透《りゅうもんすかしほ》彫りの鞍金具《くらかなぐ》、藤井寺市の長持山《ながもちやま》古墳から木心鉄板張の輪鐙《わあぶみ》が出土している。また、四条畷市の蔀屋《しとみや》北《きた》遺跡では、五世紀の土坑《どこう》から、馬の全身骨格が検出されている。

さらに、六世紀には馬具の副葬は飛躍的に増加している。これには装飾的な馬具とともに、鉄製の環状の鏡板《かがみいた》をつける簡素な轡《くつわ》も出土し、実用的な馬具が普及したことが推測されている。

壬申の乱と騎馬

さて、馬は乗るだけでなく、諸物資の運搬、田畑の耕作にも使用され、さらに皮で多くの皮革製品も作られている。しかし、古代の馬が最も重要な役割をはたしたのは軍事面であった。その注目される一例に、天武元年（六七二）におこった壬申の乱がある。

吉野宮《よしののみや》に退いていた大海人《おおあま》皇子らが吉野から東国へ移動し、壬申の乱が勃発したとき、『日本書紀』によれば、それを知った近江朝側は、すぐに追跡しなかったという。しかし、近江には親衛隊的な騎兵を主力とする「驍騎《ときうまいくさ》」が存在したことを記している。この騎兵隊が東海道の伊賀と大和、河内の三方向へ向かい、大海人皇子軍の陣容が整うまでの初期の戦局では、近江朝側が主導権を握っていた。

しかし、東国へ走った大海人皇子側は、美濃の西端部を本拠とし、美濃、信濃、甲斐から集めた大量の騎馬隊を編成することに成功し、後半の戦いの戦局を有利に導くことになったのである。

具体的には、大津宮《おおつのみや》に向かった大海人皇子軍の主力である村国連男依《むらくにのむらじおより》軍は、近江の息長《おきなが》の横河で勝ち、さらに西進している。しかし、大和で大伴連吹負《ふけい》が近江朝軍に破られたと聞くと、軍勢をわけ、置始連菟《おきそめむらじうさき》が千余騎を率いて大和へ進んでいる。そして、男依軍は安河の戦い、勢多橋《せたばし》の戦いで勝利し、近江朝側を敗北させている。

図40　咸陽出土の後漢代の兵馬俑（著者撮影）
写真は中国古代の騎馬隊の像であるが、日本でも似たような隊形だったのだろうか。

このように、この戦いで大海人皇子側が勝利した大きな要因は、美濃、信濃、甲斐から集めた騎馬隊を編成したことによるものと推測されている（薗田一九九二）（図40）。

藤原広嗣の乱を左右した騎馬隊の動向

さて、奈良時代におこった内乱に、天平一二年（七四〇）九月の藤原広嗣《ひろつぐ》の乱がある。この乱は、橘諸兄《たちばなのもろえ》の政権に不満をもち、藤原氏の内部でも孤立し、大宰府に遠ざけられた広嗣が、諸兄の相談役となっていた吉《き》備真備《びのまきび》と僧玄昉《げんぼう》の排除を要求して挙兵したものであった。

この乱がおこると、聖武天皇は、大野東人《おおののあずまひと》を大将軍とし、一万七〇〇〇人の兵を鎮圧のために派遣した。反乱軍の広嗣軍は、九州北部の板櫃《いたびつ》などに一万余人が布陣している。しかし、政府軍が戦闘を開始すると、豊前国の京都《みやこ》郡大領《ぐんのたいりょう》の外従七位下の楉田《しもとだ》勢麻呂が兵五〇

○騎とともに朝廷側に帰順した。この主力となる騎馬隊を失って劣勢となった広嗣軍は、さらに板櫃川《いたびつ》で朝廷軍と対峙《たいじ》したが、広嗣が反乱の要因を勅使の佐伯常人に論破され、総崩れになった。広嗣は西へ敗走し、肥前国の五島列島の値嘉島《ちか》で捕えられ、処刑されている。

その年の一〇月下旬、この反乱がまだ完全に終わらないにもかかわらず、聖武は平城京から東国へ行幸し、一二月一五日、恭仁京《くにきょう》へ遷都した。そして翌年閏三月、外従七位上の椙田勝麻呂（勢麻呂）は、降伏した隼人《はやと》の外正六位上の曽乃君多理志佐《そのきみたりしさ》とともに、外従五位下という破格の恩賞を受けている。椙田の五〇〇騎の騎馬隊の帰順によって、広嗣軍は機動力を喪失し、敗北に至ったのである。軍事での騎馬の重要性をまさに示した乱であった。

橘奈良麻呂の変と騎馬隊の制限

その後の天平宝字元年（七五七）七月、橘奈良麻呂《ならまろ》は、政治の主導者である藤原仲麻呂《なかまろ》を殺害し、皇太子の大炊王《おおい》を退け、光明皇太后から鈴印《れいいん》を奪い、孝謙《こうけん》天皇を廃し、替わって安宿王《あすかべ》・黄文王《きぶみ》らの四氏から天皇を立てるというクーデターを計画した。しかし、この陰謀は事前に発覚し、これに協力した大伴氏、佐伯氏、多治比氏など、多くの氏族が処刑されている。これが橘奈良麻呂の変である。

じつは、この一月ほど前、五条の勅《ちょく》がだされ、王族、臣下が飼育する馬に制限（三位以上八匹、四位六匹、五位四匹、六位以下三匹）があり、それ以上の飼育はならないこと、王臣が所有する武器にも制限があること、武官以外の者は京内で武器を具してはならないこと、京内を二〇騎以上の騎馬隊で行動してはならないことが通達されていた。これは、仲麻呂側が、奈良麻呂側の騎兵隊を主力とする軍事行動を未然に阻止しようとしたものであった。

孝謙上皇側のクーデター

ところで、天平宝字四年（七六〇）、光明皇太后が没すると、孝謙上皇の発言力がしだいに強まり、藤原仲麻呂の権力基盤も弱体化した。しかも、孝謙上皇の寵愛をえた道鏡《どうきょう》が政界で台頭するようになった。

そこで、仲麻呂は、天平宝字八年（七六四）九月二日、都督・四畿内・三関《さんげん》・近江・丹波・播磨等国の兵事使《ひょうじし》に就任し、国家の軍事権を掌握することにし、さらに、孝謙上皇から権力を奪うことを画策したところ、密告によって、その計画が露見してしまった。しかも、その計画を知った孝謙上皇側は、機先を制し、中宮院におく鈴璽を奪ったのである。そのため、仲麻呂側は太政官印を奪い、仲麻呂が近江守を兼任していたので、態勢を立て直すことを意図し、近江国庁をめざして逃走した。

戦いの展開と近江

仲麻呂側には、左右馬寮《めりよう》が飼育する官馬に騎乗する中衛府がつきしたがった。一方の孝謙上皇側は、授刀衛が騎馬隊を編成し、仲麻呂側を追跡している。二つの武力は、ほとんど差がなかったが、上皇側の中心となった吉備真備の指令によって派遣された佐伯伊多智《いたち》らの騎馬隊が、宇治《うじ》で官道からそれて田原道《たわらみち》を経由し、先に近江国に入り、近江国庁の西を流れる瀬田川に架けられていた勢多橋を焼いたのである。仲麻呂側の一行は、早く平城京から脱出したのであるが、子女を伴っていたために遅れ、勢多橋を渡れなかったのである（図41）。

そのため、仲麻呂側は方向を変えて湖西へ進み、高島郡へ走っている。じつは、この時に仲麻呂側が勢多橋の南六キロにある供御瀬《くごのせ》の浅瀬を知っていたなら、そこを渡るときに戦闘が展開したとしても、近くにある近江国庁に入ることができた可能性がある。しかも、近江国庁内には、仲麻呂側に加担する官人らが少なくなかったので、国庁の門を開け、国庁で内戦が展開したのではないかと思われる。

このように推測すると、仲麻呂側が湖西の高島郡に向かったとき、この戦いの勝敗は決まったということになるだろう。また、この孝謙上皇側によるクーデターでは、追撃した

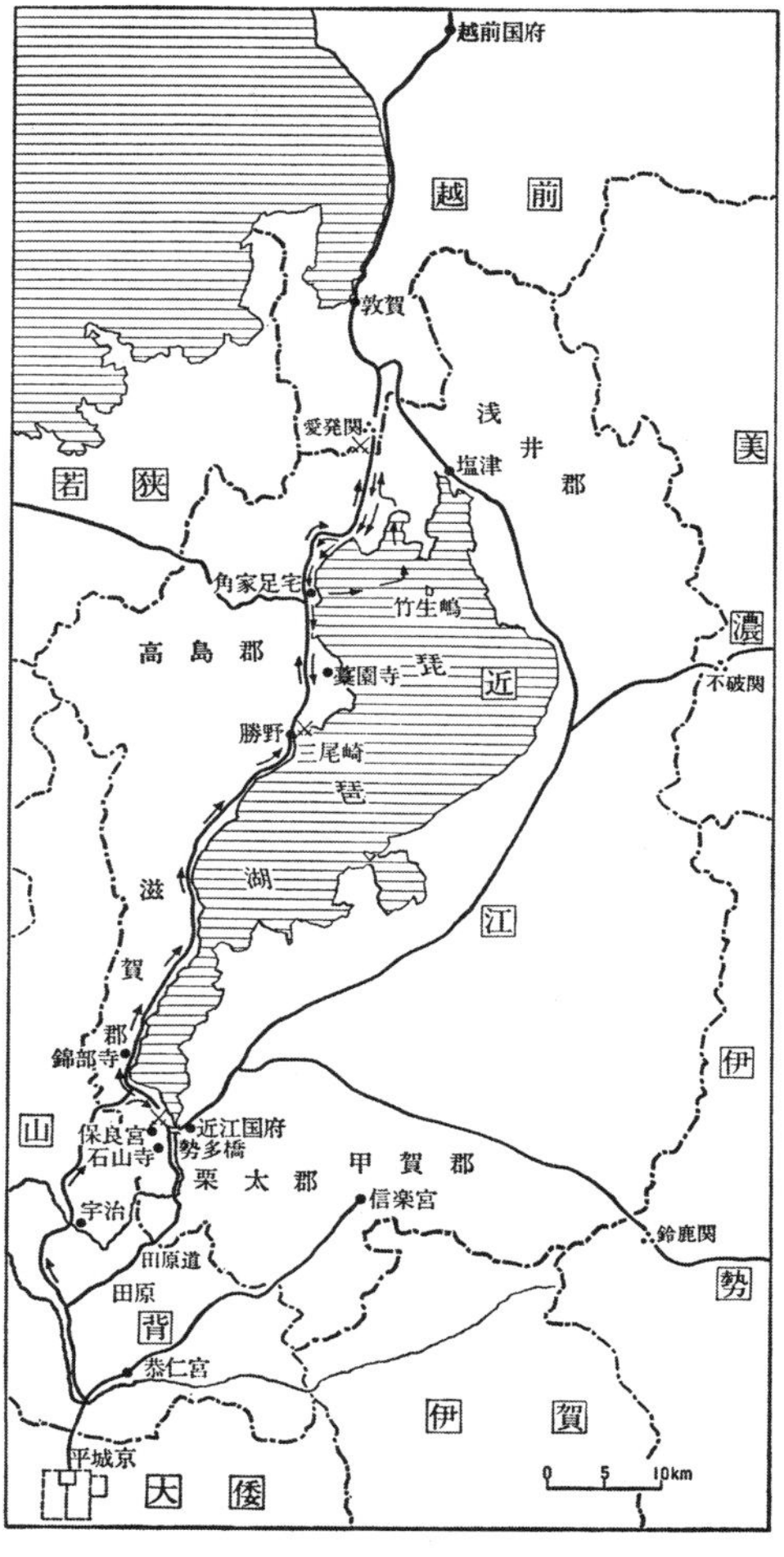

図 41　藤原仲麻呂の乱
（岸俊男『藤原仲麻呂』吉川弘文館、1969 年）

授刀衛の騎馬隊が、じつに重要な役割をはたしたのである。

宝亀元年（七七〇）八月、称徳《しょうとく》天皇が没したとき、近江国の騎兵二〇〇騎が動員され、平城宮を守衛する任務にあたっている。近江国では、つねに軍事力となりうる多くの馬が飼育されていたのである。

第四章

平城京をめぐる文化と祭祀

1　平城宮造酒司と古代の酒

造酒司の発掘

一九六四年（昭和三九）、平城宮の東に沿って設けられていたと推測されていた東一坊大路上に、国道二四号バイパスを建設する計画がもちあがった。そこで、その事前の発掘調査として、奈良国立文化財研究所が平城宮の東面北門と大路跡を対象に発掘した。

その結果、平城宮の東面北門は検出されず、東一坊大路と想定される道路上で、大型の井戸二基と六棟の掘立柱《ほったてばしら》建物が見つかった。発見された西の井戸、東の井戸ともに、桁行《けたゆき》三間、梁行《はりゆき》二間の井戸屋形《やがた》をともなうものであった。そして西の井戸からは南へ排水溝がのび、東の井戸も西南方向に排水溝がのび、二つの溝は合流して南へ流れていた（図42・43）。

ここで見つかった井戸にともなう南北溝（SD三〇三五）から、多数の木簡が出土した。それらの木簡には、「造酒司符」と記すもの、「少林郷缶入清酒」「清酒四斗」と記すものなど酒の醸造に関連する木簡が多く出土し、ここに酒を醸造する造酒司《みきのつかさ》が置かれていたことが判明した。

河内の少林郷から貢進された酒は、木簡に「清酒」と記されていた。古代人は濁酒を飲む場合が多かったことから、澄んだ清酒は飲んでいなかったと思っている方も少なくないようだが、古代の朝廷では、布袋で濾過《ろか》した清酒も飲んでいたことがわかる。この清酒は、飛鳥京跡から「須弥酒」と記した木簡が出土しているので、「すみさけ」と呼ばれていた。

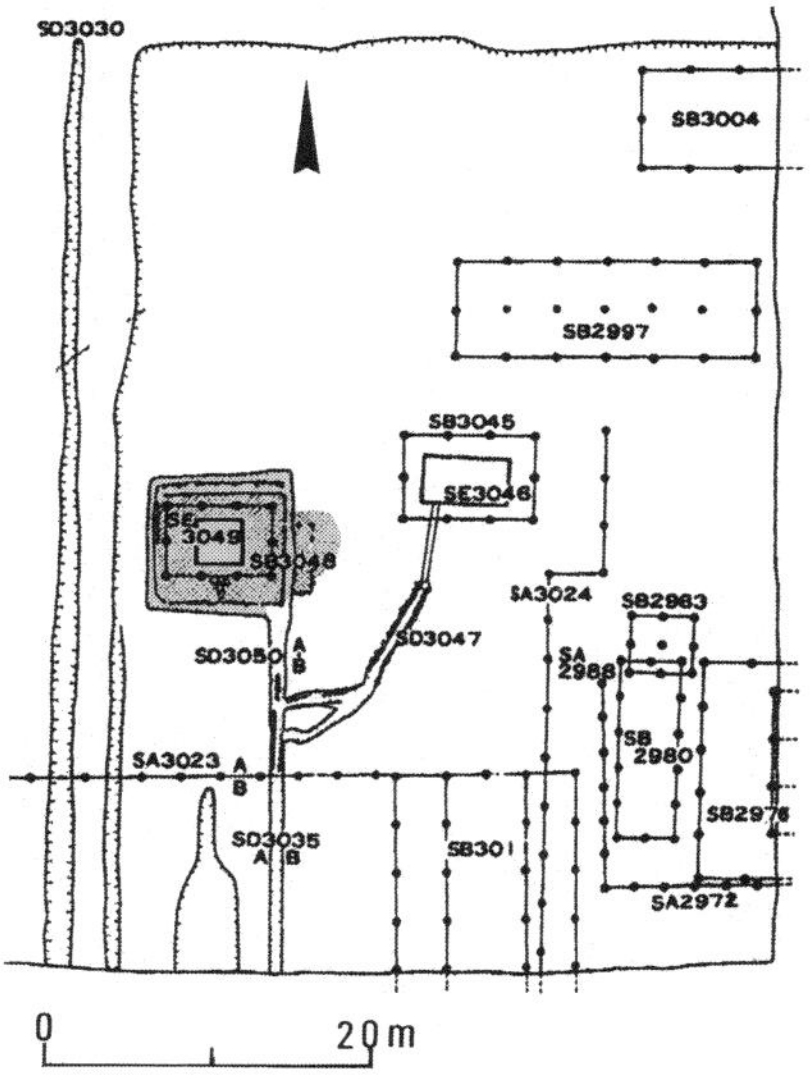

図42　平城宮造酒司の遺構
（奈良国立文化財研究所『奈良国立文化財研究所年報1965』1965年より）

図43　平城宮跡の造酒司の井戸

酒造りの素材と工程

『延喜造酒司式』供奉《ぐぶ》年料条には、「絁《あしぎぬ》大篩十二條。別五尺。絁小篩廿四條。別一尺」と諸《もろ》味《み》を濾過する篩《ふるい》用の布袋が記されている。また、天平五年（七三三）に興福寺の西金堂の造営に関連して作成された『正倉院文書』の「造仏所作物帳」に、「酒糟廿二斛七斗」と記され、酒糟《さけかす》が食材として利用されている。

また木簡の表に「難酒志紀郡」、裏に「田井郷缶入四斗、升」と記すものがある。この難《かた》酒《さけ》は、藤原宮跡からも、「下鳥羽瓺難酒」「三斗一升」と記すものがあり、「かたさけ」と呼ばれ、少しアルコール度の高いものと推測されている。

さらに、表に「尾張国中嶋郡石作郷」、裏に「酒米五斗九月廿七日」と記すもの、「氷上郡井原郷上里赤搗米五斗」と記すものなど、酒米の付札が多く出土している。この造酒司で醸造する酒の原料となる酒米は、畿内諸国から納入される酒米、もう一つは民部省から提供された庸米《ようまい》であった。

しかし、造酒司から出土した酒米の貢進地を記した二九点の木簡をみると、酒米・赤舂《しょう》米《まい》・赤米・赤搗米《つきまい》などと記した付札があり、伊賀・伊勢・尾張・丹波・丹後・播磨・美作・紀伊などから貢進されており、畿内以外からも多く貢進されていた。

また、平城宮に貢進された酒米は、「天平六年尾張国正税帳」に、「納大炊寮酒料赤米弐

図44　伊丹の酒造り図（『摂津名所図会』）

伯伍拾玖斛」と記されているのをみると、大《おお》炊《い》寮《りょう》に納められ、この大炊寮から分配されたものと推測される。

さて、酒を醸造する工程だが、後世の『播磨名所図会』に掲載された伊《い》丹《たみ》酒造の挿図を見ると、まず酒米を洗い、ついで蒸した酒米と麹《こうじ》を混ぜ合わせ（図44)、巨大な桶に水とともに入れて発酵させて諸味の状態にさせ、布袋に詰め、圧力をかけて濾過する工程が描かれている。古代もほぼ同様の工程をたどったものと推測される。

造酒司で出土した木簡に、「三條七瓺水四石五斗九升」、「二條六瓺三石五斗九升」と記すものがある。これは、酒として仕込んだ諸味を収納した甕《かめ》を、整然と列をなして建物に所蔵していたことがわかる。造酒司に対するその後の発掘では、掘立柱建物の床面に、甕を据えるために抉《えぐ》られた凹状の窪みが多く検出されており、収納された大甕の痕跡と推測されている。

造酒司の仕事

ところで、平城宮で酒を醸造した造酒司は、『養老職員令』によると正一人、佑一人、令史一人、酒部六〇人、使部一二人、直丁一人、それに酒戸一八五戸が付属していた。その仕事は、朝廷の諸官司や神事・節会《せちえ》などに用いる酒、醴《こさけ》、酢を造ることであった。酒部は節会などのときに酒をつぎ、また神事のとき酒を献上した。酒戸は大和・河内から上番し、醸造する作業に従事した。

造酒司で醸造された酒は、平城宮の内裏、中宮、東宮の毎日の料として当てられ、正月元日、五月五日などの諸節にも酒が供給されている。それ以外の種々の祭りにも酒が使用され、孔子《こうし》を祭る大学寮による釈奠《せきてん》にも酒が準備されていた。

酒の種類

また、造酒司跡からは、「白酒　酒□」と記した木簡が出土している。この白酒《しろき》と黒酒《くろき》は、新嘗祭《にいなめさい》での神膳に供えるため新穀により特別に醸造される酒であった。新嘗祭用の白酒、黒酒の醸造は、九月二日に宮内省と神祇官の官人が造酒司に集合し、醸造にあたる造酒司の酒部、官人、仕丁各二人、稲を搗く女性四人を占いで卜定《ぼくじょう》し、また黒酒、白酒料の酒稲を出す畿内の国郡を卜定した。そして、その地に木工寮《もくりょう》が酒殿一棟、臼殿一棟、麹室《こうじ》一棟を黒木（皮つきの木）で造り、民部省符を九月下旬に卜定した酒稲を進上する畿内の国郡へ下し、官田から稲二〇束が造酒司へ送られた。この二〇束の稲は、搗かれ、一石の米となり、一〇月上旬に醸造を始め、一〇日のうちに一斗七升八合五勺の酒ができた。それに「久佐木《くさぎ》」という植物を焼いた灰を入れたものが黒酒で、そのまま入れないものを白酒と呼んでいる。

　じつは、造酒司跡から出土した木簡の一つに、「真前葛十荷」「袁等賣草二荷」と記されたものがある。これらは『延喜造酒司式』践祚《せんそ》大嘗祭《だいじょうさい》供神料条によると、白酒、黒酒には、檜葉、真木葉、弓《に》絃《つる》葉、寄木《やどりき》、真《ま》前葛《さきかつら》、日《ひ》蔭《かげ》、山孫組《やまひろくみ》、山橘子、袁《お》等《と》賣《め》草の植物が添えられており、この木簡は大嘗祭に関連したものであった。しかも、「神亀元年十二月」と記す木簡も出土しているので、聖武《しょうむ》天皇の即位の大嘗祭のために醸造し、準備したものがふくまれていることになる。

長屋王邸の酒造り

さて、平城京の長屋王邸から出土した長屋王家木簡に、表に「御酒□所充仕丁《しちょう》」と記し、仕丁四人の名を記し、裏に「大瓱米三石麹一石水□石　次瓱米二石麹一石水二石二斗　次瓱米一石一石麹八斗□」など六個の瓱に酒米と麹と水を記し、酒を仕込んだことを記すものがある。これは長屋王の家政機関の一つに酒を醸造する酒司があり、その醸造所で甕に酒を仕込んでいたものと思われる。

また、『延喜東西市式』には東西の市にあった諸物品を売る店舗を記載しているが、酒店は記されていない。酒は醤店、未醤店で売られていたであろう。

都の居酒屋

平城京内には酒を飲む居酒屋もあった。『続日本紀』天平宝字五年（七六一）三月二四日条に、忍壁《おさかべ》親王の孫の葦原《あしはら》王が、ある時、酒屋で御使《みつかい》連麻呂と賭けをしながら酒を飲んでいて、にわかに怒りだし麻呂を殺害する事件がおこっている。葦原王は皇族の一員なので、淳仁《じゅんにん》天皇は彼を九州の多褹島《たねしま》に流罪とし、王の息子と娘六人も一緒に随行させている。この事件がおこった居酒屋の場所は明らかでないが、人出の多い東市、もしくは西市のなかにあったものと推測される。

また、唐の李白《りはく》の漢詩の「戴老酒店」に、

戴老黄泉下　　戴老は黄泉の下
還応醸大春　　還応《なお》に大春を醸すべし
夜台無李白　　夜台に李白無きに
沽酒與何人　　何人に酒を沽《う》り与うや

(酒造り名人の戴《さい》の爺さんは死んでしまったが、あの世でも、きっと自慢の銘酒「大春《だいしゅん》」を造っているにちがいない。だが、あの世には李白はいないので、誰にその酒を飲ませるのだろう。)

と長安の居酒屋での詩を読んでいる。長安の街にはたくさんの居酒屋があったが、平城京でもそうだったと思われる。

2　筆と墨

中国から伝来した筆と墨

七世紀に営まれた藤原宮・京、八世紀の平城宮・京などの都城遺跡はもとより、近年は各地の古代の官衙《かんが》（役所）遺跡でも多くの木簡が出土している。これらの木簡は筆と墨と硯《すずり》を使用して書かれたものである。

筆と墨は、ともに古代の中国で発案され、作られたものである。漢字を生んだ古代の中国では、殷《いん》代に甲骨《こうこつ》文字を使用したのと同時に、顔料として墨、書く用具として筆を使用したと推測されている。

この筆は、中国では戦国時代の楚墓《そぼ》から出土したものが知られている。日本では、『古事記』応神段に、百済の王仁《わに》が『論語』一〇巻、『千字文《せんじもん》』一巻を朝廷に献じたと記されている。この『千字文』を献じた際に、筆も伝えたものと推測される。この記事は、『日本書紀』は応神一六年三月とするが、確かではない。しかし、五世紀には、倭の五王が南朝に使節を派遣しているので、国書の作成に墨と筆、紙も不可欠だったであろう。

正倉院の筆

日本に現存する古代の筆は、正倉院御物として奈良時代のものが一八本（管）ある。その一本は、天平勝宝四年（七五二）四月九日、東大寺で挙行された盧《る》舎那《しゃな》仏《ぶつ》の開眼会《かいげんえ》に際し、大仏に眼を入れた筆である。この筆は管の長が五六・六センチもある大型品である。筆管に文治元年（一一八五）八月二八日、再建された大仏殿での開眼会で、後《ご》白河《しらかわ》法皇も使用したことを記している。それ以外の一七本は実用で、これには筆の管の端、穂先に被せる帽に装飾がつくものとつかないものとがある（図45）。

図45　正倉院宝物の筆
（中倉、正倉院宝物）

正倉院に収蔵された筆は、いずれも細い毛を芯に立て、その周囲を紙で巻き、さらに数回にわたり毛と紙を交互に巻き、外面を整えた後に根元を糸でくくり、竹管に挿し込んでいる。このような筆の作り方を巻筆《まきふで》技法という。古代の筆は、いずれも巻筆技法で作られ、穂先は丸く短く、雀の頭に似るので雀頭筆《じやくとう》と呼ばれている。前述した開眼会に使用された筆の穂先は、筆毛の一部が脱落し、紙を巻いた状態をよく見ることができる。

正倉院文書にみえる筆

さて、『正倉院文書』には、奈良時代に写経所《しやきようじよ》でおこなった写経に関連する多くの文書が収録されている。その中に筆のことも記されている。たとえば天平宝字七年（七六三）三月一一日付の「造東大寺司解」は、造東大寺司が最勝王経《さいしようおうきよう》、金剛般若経《こんごうはんにやきよう》など四種の経典の写経をおこなった際に購入した諸物品を記している。その中に兎毛筆六二管、鹿毛筆六管、狸毛筆七管がふくまれている。このように、写経の筆には、経典を写す兎毛筆、写経紙に罫線《けいせん》を引く鹿毛筆、題簽《だいせん》（表題）用の狸毛筆という三種のものが使用されていた。

これらのうち、兎毛筆は四〇文、狸毛筆は一〇文、鹿毛筆は二文で購入されている。この筆の価格は、『正倉院文書』に収録された「造法華寺金堂解案」に記す天平宝字三・四年（七五九・七六〇）の工人らの一日の賃金が、垣築工一〇文、作瓦工一〇文、打金薄工四〇

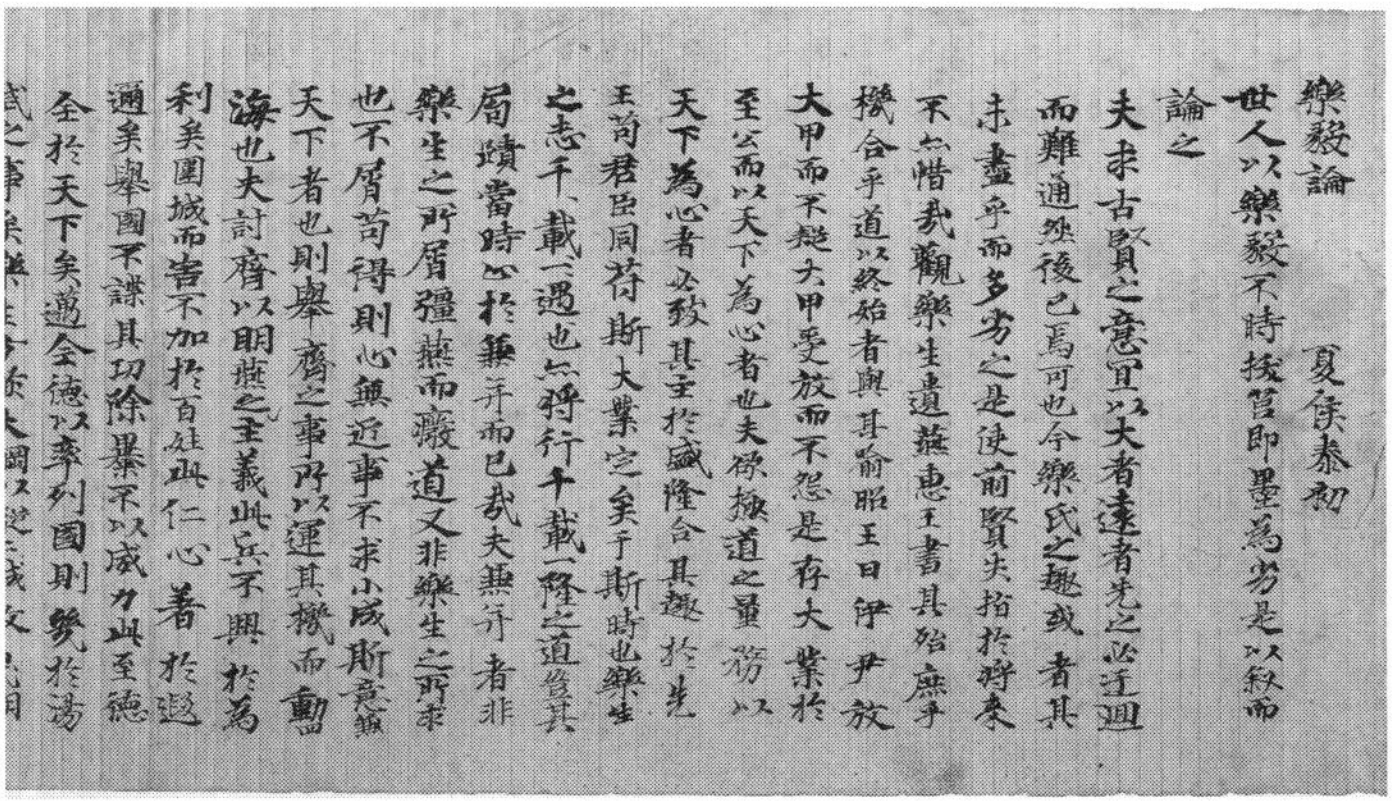

図46　『楽毅論』巻首（北倉、正倉院宝物）

文、鏡鋳工五〇文、仏工六〇文からすると、写経用の兎毛筆はかなり高価なものであった。ちなみに米一〇キロを三〇〇〇円とすると、兎毛筆は四万円、米を四〇〇〇円とすると五万三七六〇円に換算される。

また、一本の兎毛筆は紙一五〇枚を写経し、鹿毛筆は紙六〇〇枚の罫線を引くのが建前であった。さらに、『延喜《えんぎ》図《ず》書寮《しょりょう》式』によると、筆を造る工人は、一日に長功（四〜八月の期間）は兎毛筆一一管、狸毛筆一一管、鹿毛筆三〇管を作ることになっていた。

ところで、正倉院には写経された多くの経典が所蔵されている。これらは兎毛筆でみごとに、同一の太さで整然と文字を書き連ねている。とくに光明皇后が書いた『楽毅《がっき》論《ろん》』も注目されるものである（図46）。この『楽毅論』の文字を追

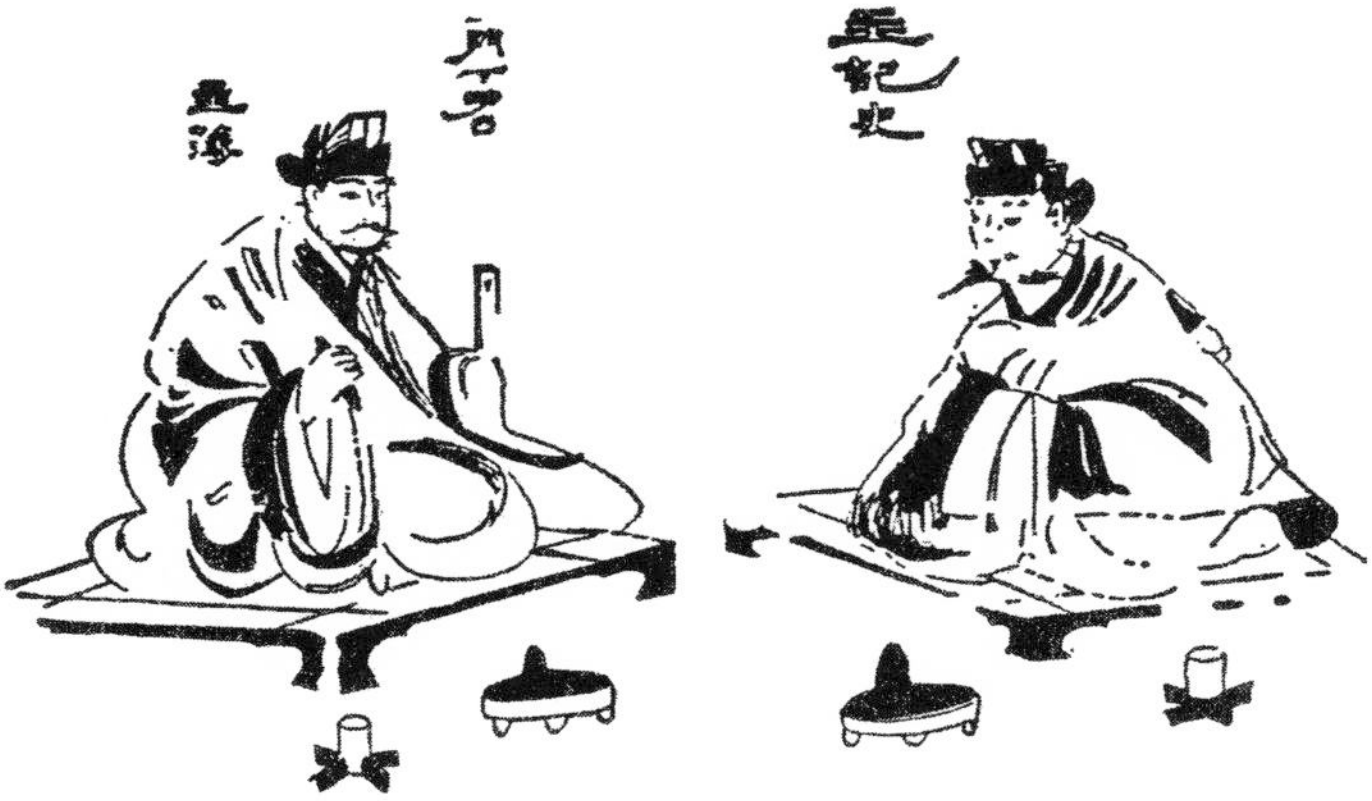

図47　望都漢墓の壁画の硯と研石（すりいし）
（原田淑人「硯との関連から見た中国古代の墨」『考古学雑誌』第46巻第1号、1960年）

いかけてみると、じつに多様な太線、細線を駆使して書かれており、経典と対照的である。このような多様な線の表現からすると、兎毛筆よりも、狸毛筆で書いたのではないかと思われる。

古代中国の墨

つぎに、墨は古代の中国では、浙江省江陵鳳凰山一六八号漢墓から円面硯《えんめんけん》、磨《すり》石《いし》とともに墨片が出土している。これは墨片を磨石ですり潰し、それに水を加えて墨汁にしたと推測されている（原田一九六〇）（図47）。

『図解　考古学辞典』（創元社　一九五九年）には、水野清一氏が記した「墨」の項目に、漢代の蔡質《さいしつ》『漢官儀』に、尚書令の僕丞郎《ぼくじょうろう》に対し、月ごとに大墨一枚、小墨二枚をたまわったと記されており、すでに墨塊ができていたとしている。その後、隋唐代には、型を使用せずに長楕円形をなす長さ一尺、幅二寸弱、厚さ六分ほどの舟形のものが一般化した。

日本では、『日本書紀』推古一八年（六一〇）三月条に、高句麗王が派遣した僧の曇徴《どんちょう》は、五経に通じ、絵具、紙、墨、さらに水車を作ったと記されている。それ以前には絵具、紙、墨がなかったというよりも、優れた製造法を伝えたものと推測される。

正倉院の墨

さて、古代の日本の墨は、正倉院御物に一五挺の墨が収蔵されている。これらのうち一三挺は、中央部が少し広く舟形をなし、上面に長楕円形の彫込みがあり、そこに銘文を記したものがある（図48）。この彫込みは、長楕円型の板状ものを押し込んでいる。この舟形の墨の一つは、天平勝宝四年（七五二）四月九日、東大寺での廬舎那仏の開眼会で使用されたもので、四九・八チセンある。この開眼会では、筆だけでなく、墨も大型のものが使用されたのである。その他の一二挺は実用品で、大半は二〇〜二九チセン大のものである。これらも、今日の墨からみると、三倍大のものであった。

この舟形の墨は、唐のものを模したものである。このような舟形の墨を唐墨《からすみ》と呼んだ。ボ

図48　正倉院宝物の墨
（中倉、正倉院宝物）

ラの卵を塩漬けしたものを「カラスミ」と呼ぶのも、唐の墨の形と類似することに起因している。

正倉院の舟形の墨には、「新羅武　家上墨」「新羅楊　家上墨」と刻まれた新羅《しらぎ》製のもの、「開元四年」と記した七一六年に唐で製造されたものもある。他に丸棒状のものも二挺ある。

正倉院文書にみえる墨

奈良時代の墨のことは、筆と同じく『正倉院文書』の写経関連の文書に多く記されている。写経所では、天平一七年（七四五）の「写経料筆墨紙充帳」に、多くの写経生に与えた筆、墨、紙が記録されている。この文書では、墨は一挺を単位にするだけでなく、二分の一挺、三分の一挺、三分の二挺、四分の一挺と記すものもある。これらは、前の写経事業で使用した墨を回収し、再び配られたものである。

墨の価格は、『正倉院文書』の天平宝字六年（七六二）正月一五日付の東大寺の写経所による「東寺写経所解」に、九六〇文で墨三二挺を買っており、墨一挺は三〇文と記されている。また天平宝字七年三月一一日付の「造東大寺司解」にも、九三〇文で墨三一挺を購入しており、やはり墨一挺は三〇文であった。この墨一挺で、紙三〇〇張を書くのが建前であった。

埋納された墨

さて、奈良時代に多くの官人が居住した平城京からは、三〇余ヵ所から、子供が生まれたときの胎盤《たいばん》（えな）をおさめて埋めた須恵器《すえき》が見つかっている。その一つの左京三条一坊一四坪では、須恵器壺から、筆管、銅製刀子《とうす》と小型の墨片が出土している。また、右京五条四坊三坪でも、須恵器壺から筆管、和同開珎《わどうかいちん》四点、刀子片とともに、長さ一〇・九センチの完全な形をなす墨が出土している。これらは、子供が生まれた際に、胎盤とともに、子供の立身を願い、文具として小型の筆や墨を埋納したものである（山路二〇〇四）（図49）。

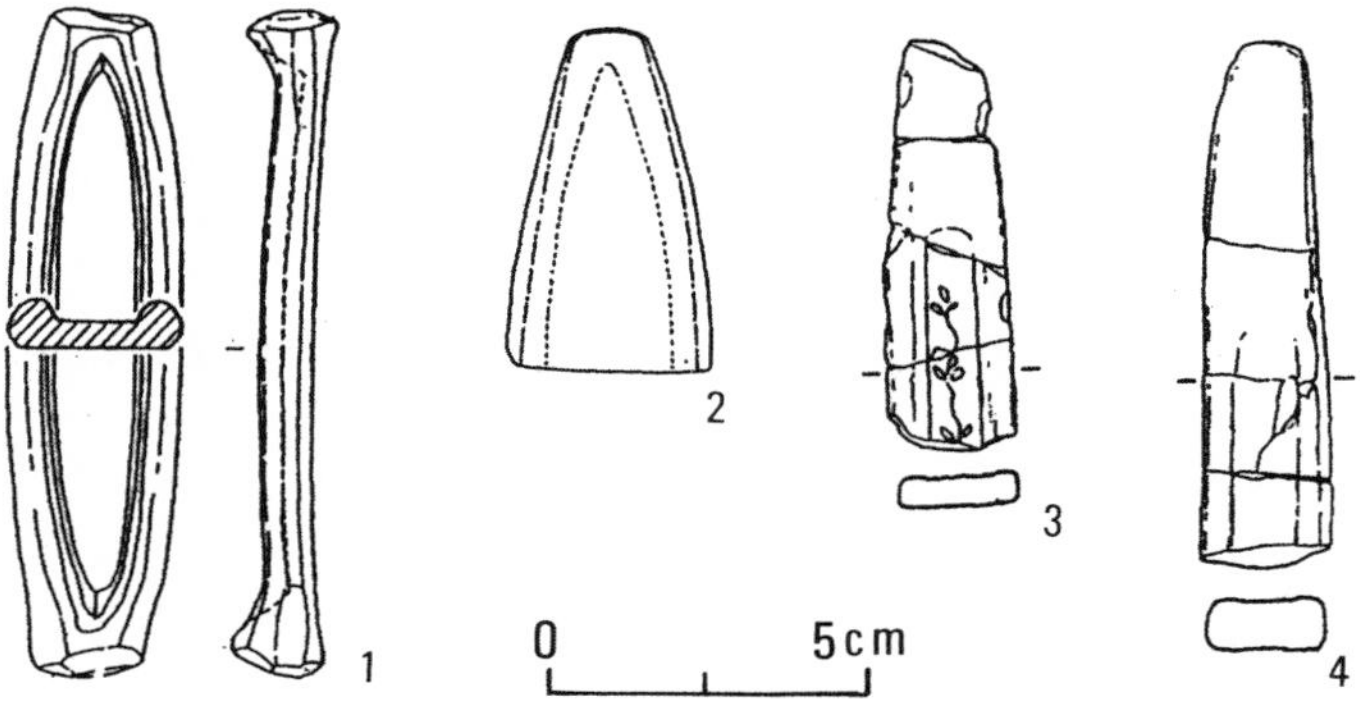

1　平城京左京三条一坊十四坪
2　平城京左京三条二坊十六坪
3　平城京右京五条四坊三坪
4　平城京右京三条一坊十四坪

図49　平城京跡出土の奈良時代の墨
（山路直充「古代の墨」『史館』33号　2004年　一部改変）

墨の製造

古代の墨の製造は、『養老職員令』に図《ず》書寮《しょりょう》の職員として造紙手四人、造筆手一〇人とともに、造墨手四人がふくまれていた。また、弘仁一三年（八二二）閏九月二〇日付の太政官符「応給食傜丁事」には、この年に雑傜《ぞうよう》を中止したので、各地の国衙《こくが》で紙丁とともに、造筆丁二人、造墨丁一人の雇用を認めている。しかし、多くの調《ちょう》の付札として、木簡に地名・人名・物品名・年号を記した郡衙《ぐんが》では、紙丁二人を認めながら、なぜか筆、墨を製造する工人の雇用は記されていない。

3　官人と硯

古代中国の硯

奈良時代の官人らは、木簡や紙に文字を記すのが職務であった。これには、筆・墨とともに硯を使用した。古代の中国では殷代に甲骨文字の漢字を生み出した。前漢代には湖北省鳳凰山一六八号漢墓に、漢字を記した竹簡、筆、硯、墨が副葬されていた。これらのうち、硯は円形の扁平な石で、墨は小塊をなし、この墨を磨石《すりいし》で潰して使用した。後漢代になると、円形の硯面に三脚をつける石製硯が出現した。河北省望都《ぼうと》漢墓の壁画に、対座する二人の役人の斜め前に、三脚をつける円硯があり、硯面上に突起状の磨石が載っている。

また南北朝時代には石硯も存続したが、陶製の円面硯に三脚をつけるものが普及した。この陶硯《とうけん》には硯面が平坦なものと中央を少し高くし陸と海を分けるものがあり、この三足円面硯の出現によって、陶硯の形式が確立した。

さらに、唐代になると、円硯部に五本以上脚をつけるもの、獣脚《じゆうきやく》を多数つけるものが普及した。そして、盛唐末に陶製の風の字をなす風字硯《ふうじけん》が使用されている。

日本で広がる硯の使用

さて、日本では古墳時代に鏡、鉄剣、鉄刀に漢字の銘文を刻んだものがあるが、七世紀以前に使用された筆記具は不明である。七世紀後半の陶硯が京都府隼上《はやあが》り窯跡、大阪府陶邑《すえむら》古窯址群、奈良県御坊山古墳、藤原宮跡などから出土している。また、八世紀には各地から平城宮へ調の貢進に木簡がつけられているように、筆・墨と陶硯の使用が全国に広まっている。

七世紀後半の円面硯には、脚のつかないもの、脚のつく三脚円面硯、多脚円面硯、圏脚《けんきゃく》円面硯、獣脚円面硯などがある。脚のつかない無脚陶硯は、陸と海を示す硯面のみのもので、京都府隼上り窯跡から出土している。三脚円面硯は平城京左京五条十四坪、愛知県篠岡六六号窯跡などから、多脚円面硯は奈良県御坊山古墳、福岡県大宰府跡などから出土している。

陶硯の種類

古代に最も一般的に普及したのが硯面部の下の脚部に透かしを刻んだ圏脚円面硯であっ

た（図50）。これには陸と海を凹凸で表現したものと、陸と海の境に突線をつけるものがある。また、獣脚円面硯は、平城宮跡などから出土しているもので、獣脚を多数つけて硯面部を支える形態のもので、最も大型のものである。

これらの他に七・八世紀には、古墳時代の提瓶を変形させて硯面部をつくり、頸部に筆立をしつらえたもの、平坦な硯面部に山羊《やぎ》の頭部の装飾を配したものなどがある。

日本の三脚円面硯、多脚円面硯、圏脚円面硯、獣脚円面硯は、いずれも中国の陶硯の系譜を引いたものである。しかし、いつ、どのように、中国の陶硯をモデルとして導入したのかは明らかでない。特に注目されるのは、奈良県御坊山古墳の三彩陶《さんさいとう》の陶硯で、七世紀に遣唐使によって導入された可能性が高い。また、圏脚円面硯は遣唐使が持参した将来品をもとに、須恵器として製作されたものと推測される。

多数の獣脚をつける獣脚円面硯も、モデルとなる唐代の三彩陶が中国で多数出土している。これも、おそらく遣唐使が帰朝に際して持参した唐三彩の獣脚円面硯を、大阪府陶邑古窯址などの須恵器工人に渡し、製作させたものであろう。

圏脚円面硯と獣脚円面硯の特徴

日本古代の七・八世紀に、最も一般的に使用された陶硯は、硯面部に海と陸を表現し、脚部に透かしを入れた圏脚円面硯である。これは、須恵器工人が須恵器の坏《つき》を伏せ、上部の端に外堤をつけ、その脚部に縦長の透し孔を連ねて製作したものである（図50）。この圏脚円面硯は、唐では湖南省長沙市黄泥坑《こうでいこう》九五号墓から出土したものが知られている。しかし、唐代の類例は多くない。

獣脚円面硯は、大型の三彩陶のものが唐の墳墓に多く副葬されており、唐代を代表する陶硯である。日本では唐からの舶載品は出土していない。そして、日本製のものが平城宮跡（図51）、平城京左京五条二坊十二・十三・十四坪の宅地など、また岡山県百間川当麻遺跡などから出土している。これは大型で最も優れた陶硯である。また大阪府陶邑古窯址群と愛知県猿投山《さなげやま》古窯址群でも出土しており、これらの須恵器窯で製作されている。この陶硯のみは、古代のごく一部の官衙に支給されたものと推測される。

写経所と硯

古代の陶硯は、官衙や寺院、さらに多くの官人らも筆記用具として使用した。この陶硯は、市などで購入したものと推測される。『正倉院文書』には、天平一五年（七四三）七月四日付の「写疏所《しやそ》雑用帳」に、「七月廿日　受研《けん》八口」「八月四日　受研十口」と外部から研（硯）を入手している。ここでは硯を「研」と表記している。また、天平宝字六年（七

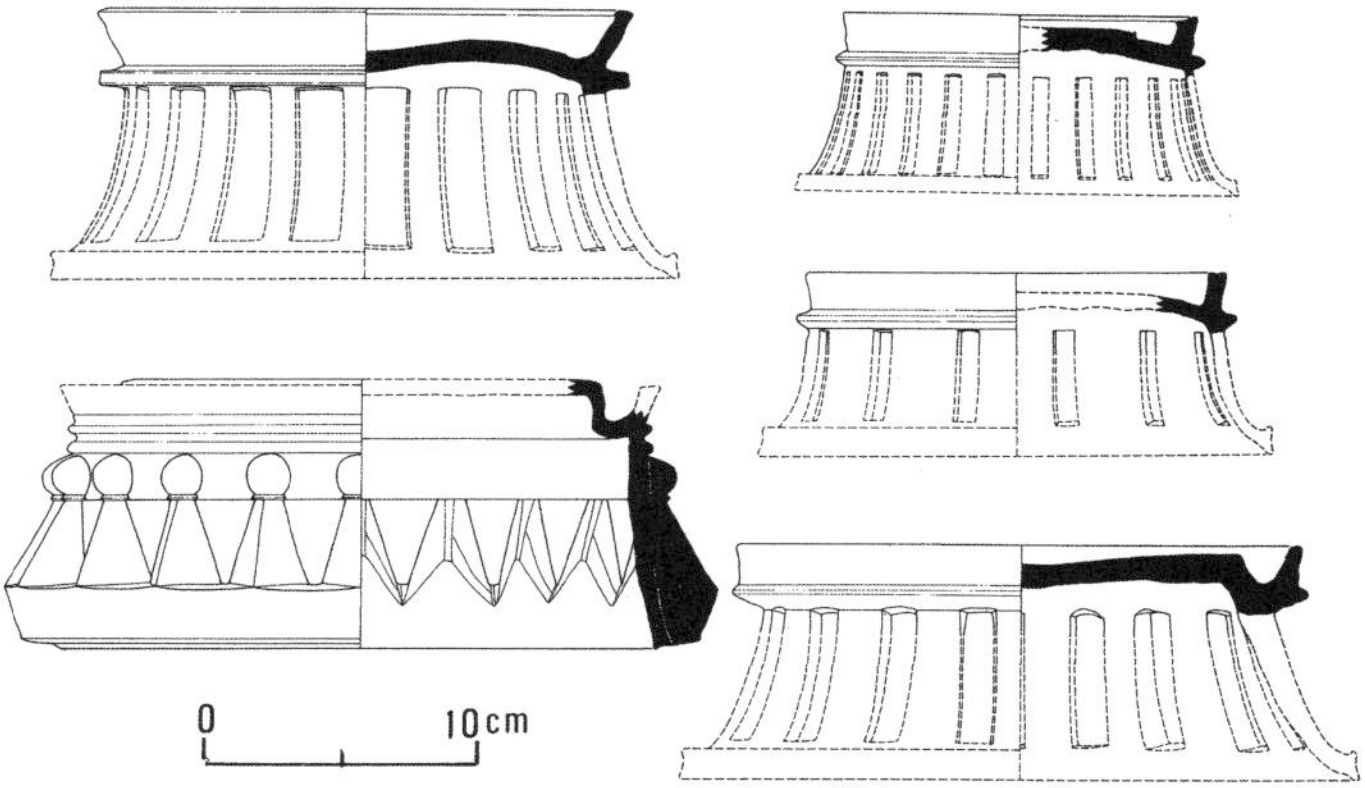

図50　平城宮跡出土の陶硯
（奈良国立文化財研究所『平城宮発掘調査報告』Ⅶ、1976年）

図51　平城宮跡出土の獣脚硯（奈良文化財研究所所蔵）

六二）一二月一六日付の「石山院奉写大般若経用度雑物帳」には、「片垸《かたわん》百廿　研卌口」と記し、天平宝字五年一〇月に、保良宮《ほらのみや》・京への遷都にともない、石山寺を大増改築し、写経もおこなわれるようになったので、石山（寺）院の写経所は、研（硯）四〇個を購入している。

写経所での写経生は、写経に際し、筆・墨・紙を支給されていた。しかし、陶硯の支給や返納を記録したものがないので、写経所の備品になっていたものと推測される。

この石山（寺）院では、『正倉院文書』の天平宝字六年二月九日付「筥陶司《はこすえのつかさ》　石山寺雑器事」に、須恵器の陶坏や陶垸《わん》とともに、「坏蓋研《つきふたけん》弐拾口」とあり、また造東大寺司の写経所の宝亀三年（七七二）八月三〇日付「奉写一切経所告朔《こうさく》解」には、「陶水椀十四合　用尽硯并筆漬料」と記されている。これらは、陶硯の代わりに、水垸の蓋を逆さにし、墨を磨る陶硯として使用していたことを示している。陶硯は、官人らの全員には支給し難かったようで、蓋の裏面が研磨され、墨が濃くついた須恵器蓋片は、古代の各地の遺跡から出土している。ときには、朱墨がついているものもある。

支給された炭の用途

ところで、『正倉院文書』天平勝宝三年（七五一）四月五日付「写書所解　申正月行事」

には、兎毛筆廿筒、墨廿挺とともに、「炭二斛五斗炰硯料《ほうけんりよう》者《てへり》」とある。また、宝亀三年一〇月二九日付「奉写一切経所写解　申十月告朔解」には、兎毛筆卅五管とともに、「荒炭一石五斗温硯料」と記されている。「炰硯料」と「温硯料」は、一月、二月、一〇月、一一月など冬期に限って記されている。

この炰硯料・温硯料としての炭の使用料は、一ヵ月に最高四石から最低一石を消費している。この炰硯料・温硯料を文字通り、冬期には硯の水が凍結するので、炭火で陶硯を温めたと理解する見解もある。しかし、冬期間の写経所では、陶硯の墨の状態はもとより、寒すぎては筆を持つ手がかじかみ写経できないので、陶硯をおく写経机の近くに火炉《かろ》（火鉢）を据え、炭で部屋を暖房しながら写経したものを、炰硯料・温硯料と記したものと推測される。

4　奈良時代のムラと春の祭り

ムラの春の祭り

奈良時代のムラでは、春と秋に農耕祭祀をおこなっていた。春の祭は、『養老儀制令《ぎせいりょう》』に「春時祭田条《しゅんじさいでんじょう》」と呼ぶムラでの春の祭祀に関連する条文がある。

この春時祭田条には、春時の祭田の日には、郷の老の者を集め、郷飲酒礼《ごういんしゅれい》をおこなうこと。そして、人々に長（老人）を尊び、老人を養う道を知らしめること。その酒肴《さけさかな》などは、公解《くがい》（役所が種モミを貸した利子）を使用すること、と記している（義江一九七八）。そして、この春時祭田条は、『大宝令』を制定した際に、『唐令《とうれい》』をモデルにしたものである。

日本と唐のちがい

『唐令』では、県令《けんれい》が一二月に蜡祭《ささい》という祭祀をおこない、そのとき六〇歳以上の人は堂内に坐し、五〇歳以上の人は堂の下に立ち、老人を尊び養う礼を知らせ、酒と乾肉《ほしにく》を公費で出して酒宴をすることを記している。

日本令と唐令では、おこなう時期が異なっている。唐令は一年の終わりに万神を祭るもので、一年の無事に感謝し、来年の加護を祈る祭祀である。しかし、日本令は春の農耕祭祀として神に豊作を祈る予《よ》祝《しゅく》行事としている（図52）。また、『唐令』は県令の官人が主催者で、官庁の堂でおこなった。しかし、日本の春時祭田条では、主催者、おこなう場所の記載がない。さらに、唐令は老人を尊敬し養護する礼を知らせたが、日本では儒教の礼の理解が不十分なので、道徳を知らせている。また、唐令は酒と乾肉によって酒宴をおこなうと記し、日本令は、酒肴と記し、酒と飲むときに添える一般的な料理としている。

図52　春時の祭祀（早川和子氏画）

ムラの社でおこなわれた祭り

このような春時祭田条に対し、『大宝令』の注釈では、春時祭田をおこなうのは郷村にある社（神社）としている。これは、『出

図 53　祭事にともなう宴会
（『嘉峪関壁画墓発掘報告』文物出版社、1985 年）
古代中国の壁画に描かれた宴の様子。

雲国風土記』などには一つのムラに複数の社を記すものがあるので、中心的な神社でしたものと推測される。この祭祀での郷飲酒礼は、郷家（里の長《おさ》）に設けさせるとしている。

また注釈の一云《あるふみ》に、祭祀を準備しておこなうのは村ごとの「社首《やしろおびと》」であるとしている。この社首は国家的に認められた身分の祝《はうり》ではなく、それぞれの地域に私的におかれた司祭者である。また、この祭祀には男女のことごとくが参加し、飲食を準備して飲酒の宴をおこなっている（図53）。その費用は、村内の人が公私の用務で他所へ旅するとき、往復の安全を祈って神に捧げたもの、家ごとに貧富の違いによって集めた稲、村内での出挙《すいこ》（貸した種モミの利子）を使用している。

これによって、古代人は旅にでかける際に

は、身の安全をムラの神社に祈念し、その際に神に稲（米）を献納し、戻った際にも捧げたことがわかる。

ムラで広くおこなわれた予祝祭祀

春時祭田の宴では、年齢順に座席につき、酒と料理物を若者が準備し、また給仕役を担っている。これらのことは、古代のムラでの慣習にもとづいたものであろう。さらに、これは春時祭田条と記しながら、一云には、春秋二回にわたっておこなうとしている。

このように、『養老儀制令』の春時祭田条は、『唐令』の記述をもとに記しながら、『唐令』の内容とは異なり、奈良時代のムラで広くおこなわれていた春の予祝祭祀を記している。しかも『大宝令』の注釈によって、秋にも収穫祭としてムラでおこなわれていた。

この春時祭田条に記すように、古代には春の予祝祭祀が各地のムラで自主的におこなわれていた。これは、朝廷でおこなう祈年祭と関連することなく、それぞれのムラが農耕祭祀の行事としておこなっていた。

春の祭祀の源流

このような春の祭祀は、古く稲作農耕が開始したごく初期から、それぞれの集落の首長、もしくはより広い地域の有力首長のもとにおこなわれていたものと推測される。

日本の初期の農耕社会にあたる弥生時代には、西日本の各地で、銅鐸を使用する祭祀がおこなわれている。初期に使用された銅鐸は、二五チセンほどの小型のもので、風鈴のように中に舌《ぜつ》を吊り下げ、鳴らす祭具であった。これは春におこなう祭祀に際し、水田もしくは周辺の山地に眠る農耕神を呼び起こす祭具であったとする考えが有力視されている。冬の眠りから覚めた共同体の農耕神の加護によって、その年の稲が豊かに実ると考えられていたのである。

このような祭祀の対象となった弥生時代から古墳時代の発掘された水田は、いずれも小規模に区画されたものが各地で見つかっている。奈良県でも御所市中西遺跡・秋津遺跡で、弥生前期の多くの小規模な区画の水田が一面に検出されている。

弥生時代から古墳時代には、東南アジアの水田と同じように、種モミを直播《じかま》きしていた。この直播きでは、稲モミが風や水圧でかたよるので、区画の大きな水田よりも、小区画水田の方が適していた。

その後、六世紀の後半ころから、各地のムラで集中的に田植えをおこなうようになったと推測されている。この田植えは、一時的に集団労働によっておこなう。そこで、その年の豊作を祈る祭祀をムラでおこない、神に奉げた酒をもとになされる直会《なおらい》の酒宴では、田植えのための集団関係を相互に強化する方向で進展したものと推測される。

祭祀に参加した官人

奈良時代には、この春の農耕祭祀に際し、官人らも水田を班給されていたので公的な休暇を与えられていた。『正倉院文書』には、造東大寺司の写経所で、写経に従事した写経生の氏部小勝が宝亀二年（七七一）四月一一日、春の祭祀に参加するために提出した三日間の休暇願がある。また、同じく安宿《あすかべ》広成が同年四月一五日に、春の祭祀のためにだした三日間の休暇願がある。安宿大成は氏族名からみて、河内の安宿郡の出身と思われ、出身地で春の祭祀に参加し、酒宴に加わったものと思われる。

酒食の禁止

『日本書紀』大化二年（六四六）三月二二日にだされた旧習俗の廃止令では、畿内と四方の国々に、農耕の月には速やかに田作りすること、また田植えのときに宴会し、酒や肴を食べるのをやめさせている。この田植えには、親族以外に多くの協力者が必要だった。この協力者は美味な肴を提供する富裕者に多く集まるという悪習があり、それを止めさせようとしている。

この春時の祭祀は、農耕神に祈る祭祀なので、ムラごとにある神社でおこない、前述のように、ムラの社首と呼ぶ司祭者の主導のもとに進められた。この社首は、春秋の祭祀を主宰する者で、司祭者であるとともに、それにともなう財政的な面の処理も担うことになったものと推測される。このような点からすると、ムラの首長的な立場の者が社首の役割をはたしたであろう。

5　平城京の溝・河川と律令祭祀

祭祀遺物の出土

奈良時代に設けられた平城京東三坊大路は、現在の奈良市立一条高校の東を通り、その北端から山背につながっていた。この東三坊大路の東側溝から、木製の人形《ひとがた》・斎串《いぐし》、土製の土馬、小型の竈・甕などが出土している。

また、平城京左京六条三坊十坪には東堀河が流れていた。一九八三年（昭和五八）、この東堀河から多数の土器類とともに、墨書人面土器一〇四個、土馬二四個、小型の竈二個・小型甕三個などが出土した。これらのうち、墨書人面土器は刷毛目《はけめ》をつける甕、多数の粗製の小型壺に顔面を描いたものがある。また土馬は眼と耳のみ表現し、尾を突きあげる奈良時代後半のものである。

さらに、平城京の朱雀大路は、その南の京外では下ツ道と呼ばれ、飛鳥まで南下していた。また平城京の少し南にあたる大和郡山市稗田《ひえだ》遺跡では、左京を流れる東堀河が西に流れ、斜めに下ツ道を横断していた。そして一九八〇年（昭和五五）の発掘では、横断する東堀河に架ける橋が検出されている。しかも、この橋の周辺から人形二〇個・斎串五〇個、絵馬二個、土馬八〇個、墨書人面土器二五個、小型の竃六〇個などが出土している。

長岡京でも、左京六条・七条三坊の水垂《みずたれ》遺跡の溝から、墨書人面土器四二一個の他に、人形一二個、斎串数個、土馬一五個、小型竃四〇個、小型甑四六個が出土し、墨書人面土器を主に使用した祓い所に推測されている。

さらに、兵庫県豊岡市の円山川の支流である出石川に注ぐ小河川の袴狭《はかざ》川の流域にある出石町袴狭遺跡では、深田、内田、国分寺、谷外地区などから、弥生時代から平安時代の遺構と遺物が出土している。特に深田地区では古代の木製の斎串一三三個、人形五六個、馬形九六個などの祭祀具が大量に出土し、注目されている。近くの豊岡市日高町に国分寺跡があり、後に国衙も出石に移ったことが知られるので、近くにあった官衙で頻繁に祓いの祭祀がおこなわれたものと推測されている。

水辺でおこなわれた祓いの祭祀

このように、七世紀末から八・九世紀には、平城京を中心に近畿でも、多くの祭祀遺物が出土する遺跡が知られている。これらの木製品の斎串・人形・馬形、土製の土馬・墨書

図 54　河川での祭祀（早川和子氏画）

人面土器・小型の竈・甕・甑などは、藤原京以降の古代都城遺跡から顕著に出土しているので、律令的祭祀遺物と呼ばれている。『延喜神祇式』の「六月晦日大祓（十二月此に准ず）」に、金銀塗りの人像、馬形、横刀や捧げる堅魚、酒、塩、海藻などを使用して官人らがおこなう祓いが記されている。また「御贖《みあがもの》条」には鉄の人形、金装横刀、坩や酒、塩、米などの物品が祓いの儀式に使用されている。しかも、「河に臨んで祓いを行う」としている。

これらからすると、溝・河川から出土する祭祀遺物も、その大半は祓いの祭祀にかかわったものと推測される（図54）。これらの祭祀遺物は、藤原京から平城京への遷都に際し、官人らによって公的な儀式に、また官人らの家族、さらに都城生活者によって、多様な祭祀遺物が使用されたものであろう。

律令的な祭祀遺物は、七世紀の後半まではほとんど出土していない。ところが藤原京の時期に、木製の人形、斎串、土馬などが使用され、平城京への遷都によって、じつに多くの祭祀遺物が使用されるようになる。天平八・九年（七三六・七三七）の天然痘の感染症の拡大では、疫病を避けるため、墨書人面土器が多用されたであろう。

古代人は、それまで集落・共同体の河川・小河川などで祓いをおこなったものと思われる。しかし、それまでの共同体と離れた平城京の都市生活で、新たな祓いの場として溝や河川が利用されたものと推測される。

平城京や長岡京での官人層は、その目的にふさわしい木製の祭祀具を選択して使用し、ときには市で購入して、律令的な祭祀をおこなったものと思われる。そして、銭貨も出土しており、その効果が期待されていた。

人形にこめられた意味

ところで、平城宮跡や平城京跡の発掘では、溝や河川から土器片などとともに、しばしば木製や土製の祭祀具が出土する。この木製の祭祀具の主なものに、人形、斎串、馬形、土製のものに土馬、墨書人面土器、小型の竃・甕などがある。

人形は扁平な薄板で、人の頭、肩、両腕、体部、両脚まで全身を象《かたど》った木製品である。これには二〇チ《セン》ほどのものから六〇チ《セン》大の大型のものまである。人形の顔の表面に、墨で眉、眼、鼻、口などが表現されている。

一九八二年（昭和五七）春、平城宮の朱雀門の東隣の門である壬生門《みぶもん》跡の発掘で、壬生門の南を流れる二条大路北側溝から、二〇七点もの多くの人形が出土した。平安後期の法律書『法曹類林《ほっそうるいりん》』に引く「式部記文」に、大祓を大伴門と壬生門の二つの門の間の大路でおこなうことが記されており、先立つ平城京でも大祓に使用されたものと推測される。

また、一九六一年（昭和三六）、平城宮跡の内裏の西北にある大膳職《だいぜんしき》で検出された大型井戸から、両眼と胸に木釘を打った人形が出土した。さらに東区朝堂院の南の溝ＳＤ一二五〇では、人形の表に「女　依　死廿」、裏面に「重病受死」と墨書されている。これらは神仏によって災難がおこるように祈る呪詛《じゅそ》に使用されたものである。

また一九八四年（昭和五九）に内裏東側の溝から出土した人形に、表に顔を墨描きし、裏面に「左目病昨今日」と書かれていたものがあった。これは個人の病の回復を祈ったものである。

さらに、斎串は、短冊状の薄板の下端を剣先状にし、上端を三角（圭頭《けいとう》）にしたもので、側面に複数の切り込みを入れたものである。一〇チセンの小型から六〇チセンの大型のものがある。近年の研究では、両端の形によって三型式、側面にくわえる切込みによって八型式に分類されており、多くの祭祀に使用されている。

馬にまつわる祭祀遺物

また馬形は薄板で横長に鞍をつけた馬と裸馬のものがあり、神霊の乗物として使用されたものと推測されている。

一方の土製の土馬は、小型の馬を表現したものである。一九六七年（昭和四二）に藤原宮跡から出土した土馬は、頭部、胴部と垂れた尻尾を一つの粘土で作り、脚部を挿し込み、顔面に眼、鼻孔を細竹で穿ち、口を浅く刻んでいる。馬具は粘土を貼り付け、面繋《おもがい》と手綱を線刻しており、最も古い形態のものである（小笠原二〇一五）（図55―1）。

平城宮跡・京跡からは多くの土馬が出土している（図55）。早い時期のものは、顔面に眼・鼻をつけ、鞍《くら》を表現し、八世紀後半に小型となり、顔面は眼のみ、鞍はなく尻尾は突きあげている。八世紀末からは著しく小型になり、九世紀、一〇世紀前半のものは犬と見誤るような小型のものが平城京東三坊大路東側溝から出土している。

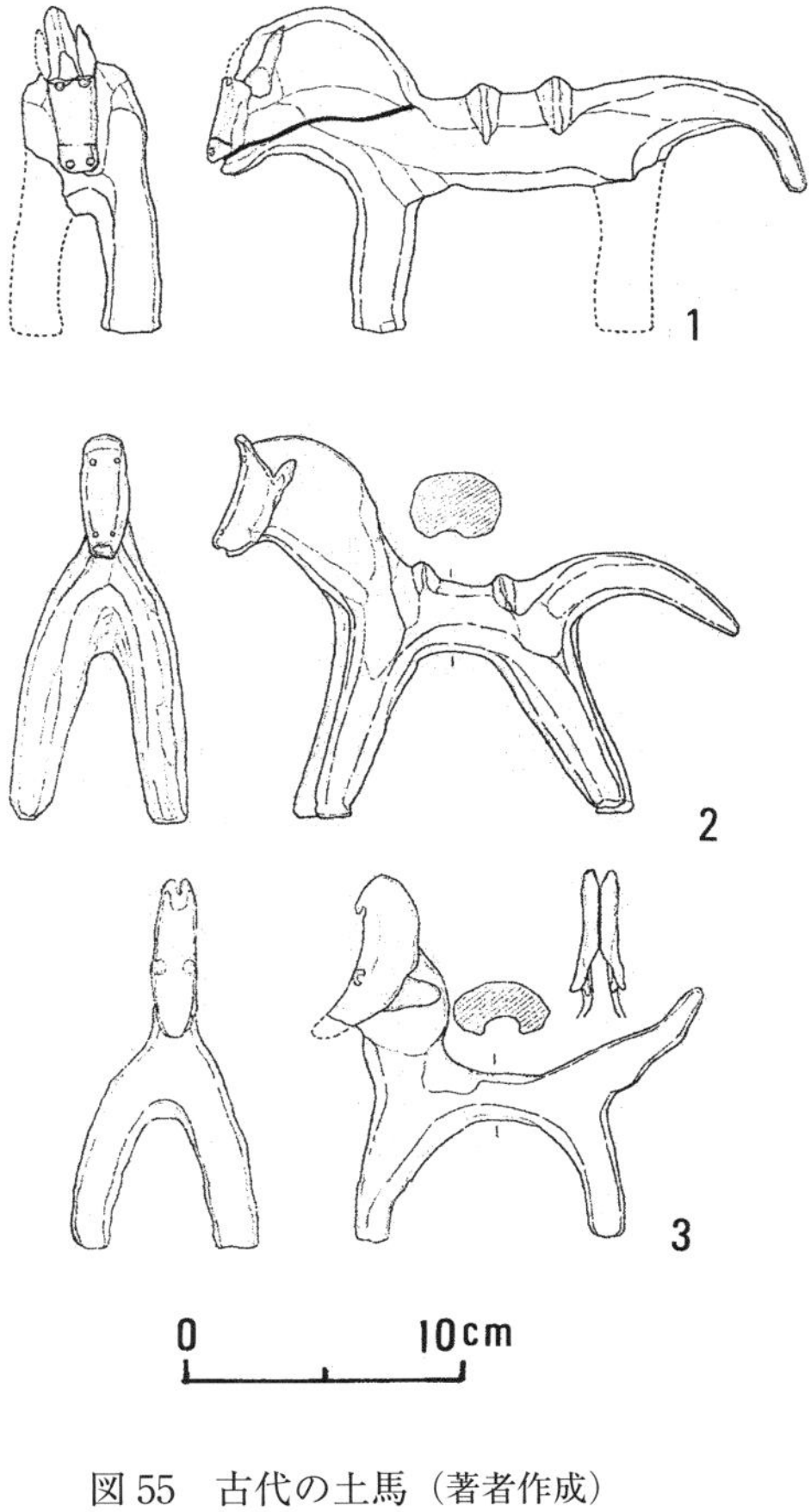

図55　古代の土馬（著者作成）

これらの土馬は、初期には馬とかかわりの深い祈雨の祭祀に、その後は、魑魅魍魎《ちみもうりょう》を乗せて悪霊を除去する祓いの祭祀に使用されたと考えられている。

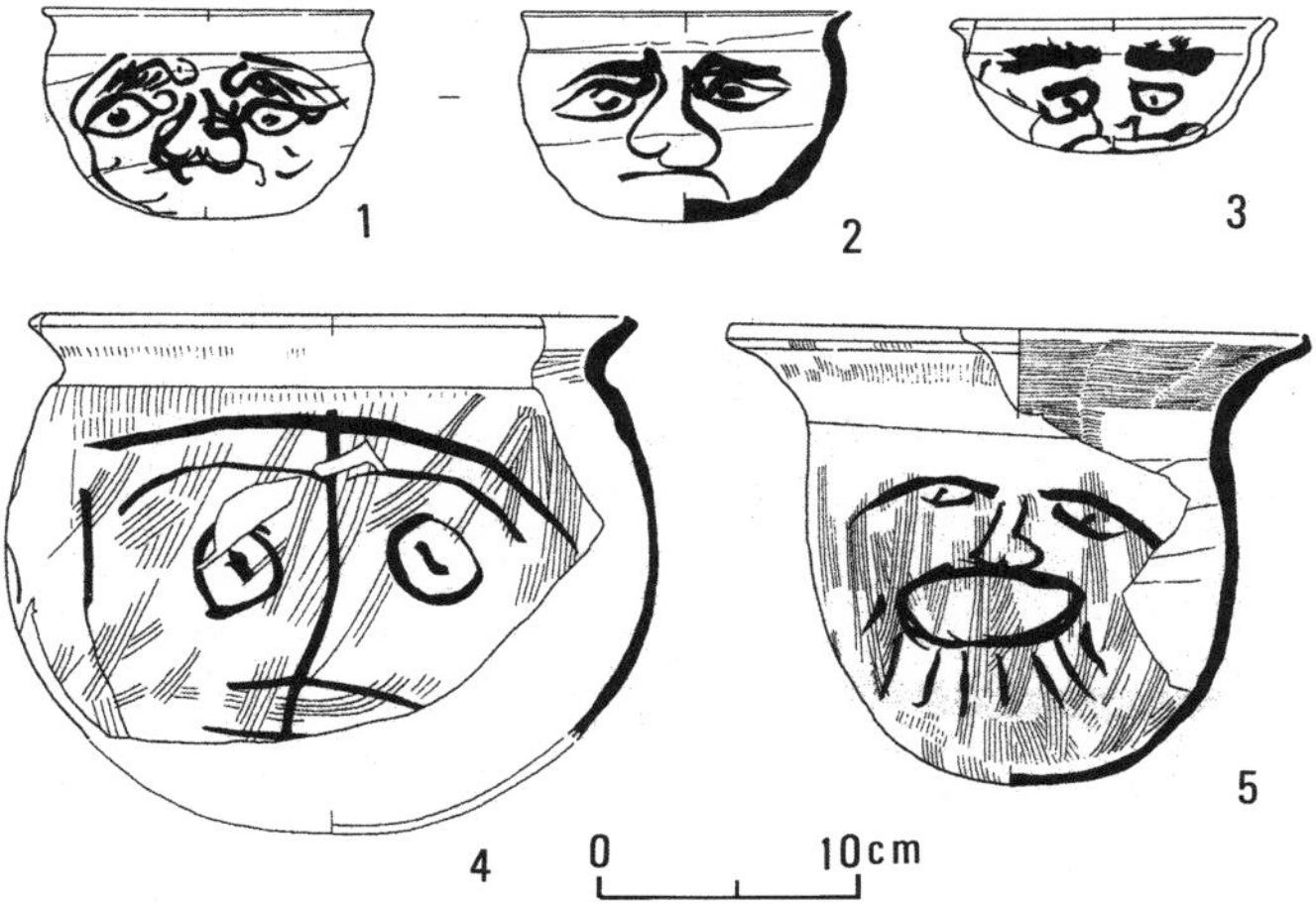

図56　平城京東堀河（左京六条三坊十坪）出土の墨書人面土器
（著者作成）

墨書人面土器

墨書人面土器は、土師器の甕や壺の外面に男の顔を墨描きしたものである。顔の多くは二面に描き、強面《こわおもて》のものが大半で、なかには髭《ひげ》を表すものもある（図56）。八世紀に平城京で出現し、地方でも同様のものが出土している。この墨書人面土器は、水野正好氏によると、厄病神の祓いに使用されたとしている。これと関連するものに、『延喜四時祭式』に、大祓の際に天皇・皇族に坩（壺）が供され、これに息を吹きこんで流したものと推測されている。

また、小型の竈・甕・甑が多く出土している。これらは炊事する竈が家族の死去などによって穢れた際に、祓いとして使用されたと考えられている。

以上のような平城宮跡、平城京跡で出土する木製・土製の祭祀具は、藤原宮の中央を南北に流れる大溝ＳＤ一九〇一（運河）から、木製の人形・斎串・馬形が出土しているので、都城で律令的祭祀にともなって使用しはじめた祭具であったと推測される。

6 天然痘の感染拡大と聖武天皇

猛威をふるった天然痘

天平七年（七三五）八月、大宰府管内で天然痘の感染症が拡大した。聖武《しょうむ》天皇は、管内の神祇に幣帛《へいはく》を奉げさせ、また観世音寺《かんぜおんじ》や九州の国々の寺々に金剛般若経《こんごうはんにやきょう》を読ませた。また、疫病に苦しむ人に煎じ薬を給付させている。さらに長門国（山口県）より東の山陽道の諸国に、天然痘が都に入らないように道饗《みちあえ》の祭祀（悪霊や悪疫を防ぐ祭）を命じている。

しかし、天平九年（七三七）には大宰府管内から、平城京にも感染が拡大したのである。四月一七日、民部卿の藤原房前《ふささき》が没した。この四月は日照りが続き、田の苗も枯れる状態であった。

六月一日、平城京で天然痘に罹《かか》る官人らがふえたので、朝廷の行事を中止した。六月一一日、大宰府では大弐の小野老《おゆ》が没した。老は神亀年間に大宰府での歌会で、平城京を「咲く花の　にほふがごとく　今盛りなり」と詠んだ官人であった。この六月には中納言の多治比県守も亡くなった。

天然痘は、天然痘ウイルスを病原体とする感染症の一つである。疱瘡《ほうそう》、痘瘡とも呼ばれ、この疫病は飛沫や接触によって感染し、一週間ほどの潜伏期間を経て発症する。発熱した後、いったんは解熱した後に、頭部、顔面に逗留状の丘疹《きゆうしん》が生じ、これが呼吸器や消化器などの内臓にも生じ、死に至る場合が多い疫病である。

感染拡大への対応

この天然痘の感染拡大に対し、天平九年六月二六日の太政官符は、東海・東山・北陸・山陰・山陽・南海道の国司らに、疫病の治療法と禁ずべき食物など七ヵ条を記している。それには、この疫病の発熱後に瘡（できもの）がでる期間、全身が焼けるように熱くなるが、冷水を飲ませないこと、症状の下痢へ対処し、腹部・腰に布を巻き、冷やさないこと、粥、おも湯を食べさせ、魚や肉、生野菜を食べないこと、下痢には、ニラやネギを大量に食べさせること、回復後も二〇日間は、魚や肉、生野菜を摂らない、水浴、房事を慎むこと、もし、この注意を守らないと、下痢が再発すると述べている。

また、四月以来、平城京や畿内で疫病（天然痘）による死者が続出しており、この太政官符を諸国に伝達するので、国司はこれを写し取り、すぐに隣国に送付するように、また一方で、国内を巡行して百姓らに対療法を告げるように、もし粥やおも湯にする米がない者があれば、国司は官有の米を支給するように通達している。

『正倉院文書』に収録する「但馬国正税帳《たじまのくにしょうぜいちょう》」によると、天平九年六月二六日付の太政官符にもとづき、疫病者一四一二人分の粥として稲一二一七束五把を支給している。

さらに一方では、この頃にだした天平九年六月付の朝廷の医薬を扱った官司による「典薬寮勘申」文書が平安時代に編んだ『朝野《ちょうや》群載《ぐんさい》』巻第二一の「凶事」の項目に収録されている。これは、前述と同様の疫病に罹ったときの治療法、さらに罹病者へ大黄《だいおう》、青木香《せいもっこう》などの薬剤処置法と後遺症の瘡痕《あばた》に対する治療法が記されている。朝廷もこの天然痘の疫病の感染拡大に、早急に対処したことがわかる。

止まらない感染拡大

しかし、『続日本紀』天平九年七月五日条は、天然痘の感染拡大で大和・若狭・伊豆の人民が苦しんでいること、また同月一〇日条は、長門・駿河・伊豆の人民も感染で苦慮していると記しているので、畿内から東国へも天然痘が感染拡大している。

さて、天平九年四月一七日、民部卿の藤原房前が没したのに続き、七月一三日、兵部卿の藤原麻呂《まろ》、二五日に右大臣の藤原武智麻呂《むちまろ》、そして八月五日、式部卿の藤原宇合《うまかい》も天然痘で没している。このように、政界で重要な役割をはたしていた藤原不比等《ふひと》の四子があいついで天然痘に感染し、亡くなった。

長屋王事件と感染拡大

この天然痘の感染拡大は、謀反《むほん》という冤罪《えんざい》で、自害した長屋王による怨霊《おんりょう》とする風評が広まったようである。左大臣の長屋王は、神亀六年（七二九）二月、密に左道《さどう》によって国家を傾けようとしていると讒言《ざんげん》があり、尋問を受け、自害させられ、妻の吉備内親王、子息の膳夫王、桑田王、葛木王、鉤取《かぎとり》王らも生命を断たれている。

しかし、この長屋王事件は、長屋王を政界から除くため、藤原氏が企てたもので、『続日本紀』が編纂された平安時代初期には、長屋王の死は誣告《ぶこく》（虚偽による告発）によるとされている。

異例の叙位

そこで、天然痘の感染拡大への対処とともに、聖武天皇は長屋王の怨霊とする風評にも対処せざるをえなかったようである。『続日本紀』天平九年一〇月二〇日条は、聖武が平城宮の南苑に出御し、従五位下の安宿王に従四位下、無位の黄文王、従五位下の円方《まどかた》女王・

紀女王・忍海部女王《おしぬみべ》に、それぞれ従四位下を授けている。

これらの叙位に対し、古代史家の寺崎保広氏は、これら五人のうち、安宿王と黄文王は、長屋王と藤原長娥子《ながこ》との間に生まれた子、円方女王以下の子も長屋王の子供である、そして、黄文王が初めて叙位された以外は、いずれも四階も位階を進めている、しかも、忍海部女王は、この年の二月に、安宿王に至っては、その前月に従五位下になったばかりであった、このような長屋王の子女に限った異例の叙位は、政治的な面からは説明しにくいとしている。そして、平城京の多くの人たちが天然痘の蔓延を、長屋王による祟《たた》りと考えており、その怨霊を鎮めるための政策としておこなった叙位であったと推測している（寺崎一九九九）。

政界の変化と聖武天皇の政策

天然痘の感染症が拡大したことによって、政界の中枢部が壊滅した。そのため天平九年九月、参議の鈴鹿王が知太政官事となり、同じく参議の橘諸兄が大納言となった。さらに、天平一〇年正月、阿倍内親王が皇太子となり、同時に橘諸兄は正三位に叙され、右大臣として政権を担当することになった。そこで、諸兄は唐から帰朝した下道真備《しもつみちまきび》と僧玄昉《げんぼう》を相談役として政治を主導することにしたのである。

天平一〇年には、平城京での天然痘の感染は、ほぼおさまった。このことは、聖武には、この天然痘の感染症が拡大したことと長屋王の怨霊とする風聞がまったく無縁のものとは思いにくかったのではないか。また、この長屋王の怨霊へ対処する必要性を強く感じたのではないかと思われる。そして聖武は、唐の諸政策に注目したのではないか。

図57　竜門の盧舎那仏

唐では、天授元年（六九〇）に、則天武后《そくてんぶこう》が州ごとに大雲寺を建て、また唐洛陽城の南一〇キロにある竜門《りゅうもん》石窟に、奉先寺《ほうせんじ》の盧舎那仏《るしゃなぶつ》を造立している（図57）。そして、聖武は恭仁《くに》宮・京へ遷都後の天平一三年（七四一）三月、国ごとに七重塔を建てさせ、国分寺・国分尼寺を造営させている。また、天平一五年一〇月、近江の信楽《しがらき》の地で、金銅製の盧舎那仏の造立に着手している。

このように、天然痘の感染拡大は、それまでの聖武の政治理念を少なからず変えることになり、しかも仏教色を濃くしたものに変貌したように思われるのである。

7　薬と治療

藤原宮跡出土の薬木簡

古代の官人らも、しばしば病に罹っている。古代の官人の薬に関連する木簡として初期のものに、藤原宮跡から出土したものがある。

藤原宮跡を西南から東北へ斜めに通す国道一六五号の橿原バイパスの建設が計画され、一九六六年（昭和四一）一二月から一九六九年三月まで発掘調査が実施されている。この発掘で、藤原宮の北大垣や外濠、内裏外郭の東を流れる南北溝などが検出され、しかも木簡が出土している。そのうち、内裏の外郭で検出されたＳＤ一〇五が北大垣ＳＣ一四〇をくぐって外に出た地点から、薬を記した付札《つけふだ》の木簡がまとまって出土している。

これには、（1）「高井郡大黄」、（2）「麻黄卅四□」、（3）「龍骨五両」、（4）「薯蕷二升半」、（5）「麦門冬三合」、（6）「麻子一斤五升」などと記されたものがある（図58）。

（1）の大黄《だいおう》は、タデ科の多年草で、根茎を乾燥させて健胃剤、瀉下剤《しゃげざい》として使用するもの。高井郡は信濃国である。正倉院薬物に大黄は九九一斤と記されているが、斉衡三年（八五六）に八七斤一三両二分に激減している。（２）の麻黄《まおう》はマオウ科の裸子植物で、茎を煎じて鎮咳去痰剤としている。（３）の龍骨《りゅうこつ》はゾウ、サイ、シカなどの化石を粉末にしたものである。これは不眠、精神不安などの神経症の鎮静剤として使用している。（４）の薯蕷《しょよ》はヤマノイモ科の根茎である。（５）の麦門冬《ばくもんどう》はユリ科のジャノヒゲ、あるいはリュウノヒゲと推測されているもので、その根の塊状部を乾したもので、咳止めや解熱剤として使用している。（６）の麻子《まし》は、クワ科の植物の麻の実である。

図58　藤原宮跡出土の薬木簡
（奈良県教育委員会所蔵）

典薬寮の取り扱った薬物

以上のような薬名は、共伴した木簡のなかに「典薬」と読めるものがあり、これらは藤原宮の典薬寮に関連する木簡と推測して報告されている（『藤原宮』奈良県教育委員会　一九六九）。そして、記された薬名は、『延喜典薬寮式《てんやくりょうしき》』に、大黄は、天皇の元日用の御薬、麻黄・龍骨・麦門冬は一二月に翌年の天皇への常備薬として調合する臘月《ろうげつ》御薬にふくまれ、また大黄は五位以上の官人らへ供給する雑給項目にも入れられ、薯蕷は木工寮への薬物として記されている。

これらのほかに、表に「受被給薬　車前子一升西辛一両久参四両右三種」、裏に「多治麻内親王政人正八位下陽胡甥」と記した木簡も出土している。この車前子《しゃぜんし》はオオバコの種子で、利尿、消炎《しょうえん》、鎮咳《ちんがい》に使用、西辛《さいしん》は細辛とも書き、ウマノスズクサ科の根茎を乾燥させたもので、辛《から》いが、咳止、感冒に利くとされている。また、久参《くじん》は苦参とも書き、マメ科の多年草クララの根を乾燥させたもので、健胃、消炎、嘔吐《おうと》や下痢の薬として使用されている。この木簡は、但馬内親王家《たじまないしんのう》から、典薬寮に三種の薬を請求したものである。但馬内親王は、天武《てんむ》天皇の皇女で、母は藤原鎌足《かまたり》の娘の氷上娘《ひかみのいらつめ》である。風邪気味で胃炎をおこしていたので、請求したものと推測される。なお、藤原宮跡からは、その後の発掘調査でも、多くの薬名を記した木簡が出土している（図59）。

古代の薬物の規定

さて、古代の薬物に関しては、『養老賦役令《ぶやくりょう》』の雑徭条の『令集解』所引の大宝医疾令《たいほういしつりょう》逸文《いつぶん》によると、毎年中央で必要とする薬に対し、典薬寮が推計し、太政官から諸国に命じて薬を貢進することになっていた。また諸国には採薬師がおかれ、その指示で薬物の採取は雑徭《ぞうよう》（公民の無償労働）でおこなっていた。『延喜典薬寮式』には、諸国が貢進する薬名を記載している。たとえば大和では、薯蕷、車前子、白花木瓜実（白い花のボケの実）など三七種を列記している。

ところで、古代の典薬寮は宮内省の官司の一つで、朝廷での薬を調達し、官人の治療にあたっていた。また薬草を栽培する薬園を管理し、牛乳と蘇《そ》（チーズ）を作るため乳牛を飼育していた。この典薬寮の官人らは、遣隋使・遣唐使らが中国で入手した薬学・医学書を参考にし、日本の薬草などをふくめながら朝廷の薬を調達し、病気となった五位以上の官人らの治療にもあたっていた。

図59　藤原宮の薬木簡
（早川和子氏画）

最古の医学書『医心方』

日本でも、平安時代の延喜一八年（九一八）に撰上された『本草和名《ほんぞうわみょう》』に、一〇二五種の

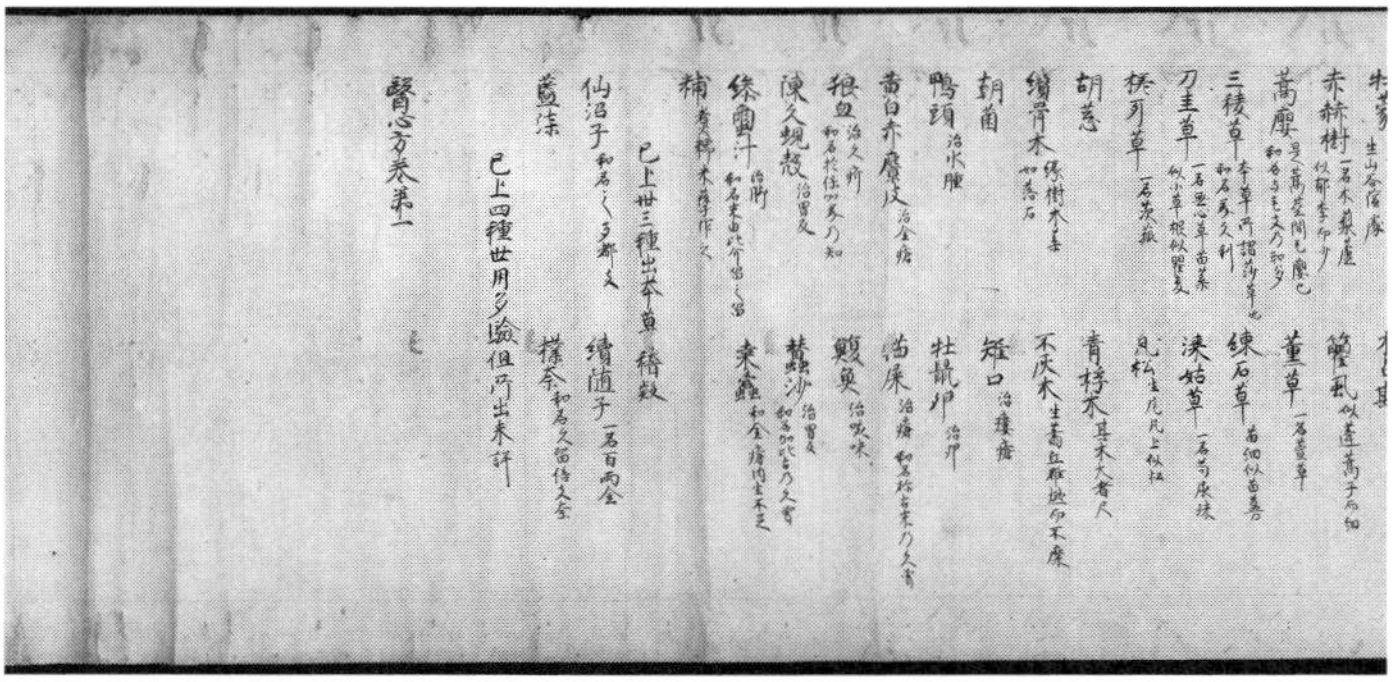

図60　『医心方』巻第一
（巻尾、東京国立博物館所蔵、ColBase〈https://colbase.nich.go.jp/〉）

薬草を収録している。ついで、永観二年（九八四）、典薬寮の官人である行鍼《はり》博士の丹波康頼《たんばのやすより》によって、日本最古の医学書『医心方《いしんぽう》』三〇巻が円融《えんゆう》天皇に撰上されている。これは、隋の医師の巣元方が編纂した『病源論』をもとに、内科・外科・耳鼻咽喉眼鼻科・皮膚科・泌尿器科・性病科・精神科・産婦人科・小児科・救急医療・予防医学・環境医学・食と健康・性と養生・精神衛生・鍼灸などを、諸本から抄録し、分類して撰上したものである（図60）。

この『医心方』は撰上された後に「禁闕《きんけつ》の秘本」とされている。しかし、正親《おおぎ》町《まち》天皇（在位一五六〇～八六）は、これを治病の功のあった半井《なからい》瑞策《ずいさく》に下賜した。その後、瑞策は重病となった娘を治した弟子の手に巻二二（妊婦篇）のみを渡している。そして、この巻のみは流転をくりかえし、明治時代の評論家の徳富蘇峰《とくとみそほう》の手に入ることになり、その後、御茶ノ水図書館の所有になった。

江戸時代にも注目された『医心方』

一方、江戸幕府は、寛政のはじめに『医心方』の仁和寺文庫本を写し、躋寿館《せいじゆかん》に所蔵させたが、脱簡が多いものだった。そこで、幕府は安政元年（一八五四）一〇月、所蔵する半井家から『医心方』を借りだすことに成功し、それを老中の阿部正弘《あべまさひろ》が躋寿館にわたして書写校刻させることにした。その費用は、幕府の年間医療費の大半を使用するものであった。

半井家が渡した『医心方』は三〇巻三一冊で、巻二五のみは上・下からなるものであった。『医心方』に引用された原典は、中国でも失われたものが多く、その価値はきわめて高いものであった。

幕府による刊行するための取組は、総裁二人、校正一三人、監理四人、写生一六人を任命しておこなった。躋寿館では、医心方影写程式を制定して書写を進めた。校正一三人のなかの一人に渋江抽斎《しぶえちゆうさい》がふくまれていたのである。森鷗外《もりおうがい》の著名な史伝小説『渋江抽斎』は、このときの状況をじつに詳しく述べている。

このようにして、幕末に『医心方』の安政版の覆刻本が刊行されている。しかし、その直後に江戸幕府は倒れ、明治維新となったのである。

この政変ともいうべき社会の激動のさなか、あるいは直後にも、『医心方』の復刻が広く注目され、もしくは活用されることはなかったのである。

明治新政府による日本医学の近代化は、ヨーロッパのドイツ医学やオランダ医学を大学に導入し、医学・薬学の世界は、それまでの漢方に代わっている。『医心方』は再び、社会から忘れられたのである。しかし、半井家が保存していた半井家本は、文化庁が買上げ、一九八四年（昭和五九）に国宝になった。

この『医心方』は、一九三五年（昭和一〇）に日本古典全集刊行会により刊行され、各地の図書館で所蔵している。また近年は、難解な『医心方』の漢文を、槇《まき》佐知子氏が読み下し、註や解説を記したものが刊行されている。『医心方』は、日本古代の薬や治療の実態を知るには、じつに必要不可欠な史料である。

8　遣唐使と唐で生まれた子

養老元年の遣唐使

大宝二年（七〇二）の遣唐使の派遣に続いて、養老元年（七一七）には、遣唐押使に多治《たじ》比《ひの》県守《あがたもり》、大使に大伴山守《おおとものやまもり》、副使に藤原宇合《うまかい》が派遣された。県守らは養老二年に、道慈・秦朝元《はたのちようげん》らとともに帰朝した。帰朝した道慈《どうじ》は大安寺の造営や仏教界で活躍した。そして、秦朝元は、じつは大宝二年に派遣された僧の秦弁正の子であった。

弁正は、『懐風藻《かいふうそう》』に漢詩二編を載せている。その弁正の紹介文には、「大宝年間に留学し、時に李隆基（後の玄宗《げんそう》皇帝）と親しくなり、しばしば碁を打ったこと。朝慶と朝元の二人の子があり、朝元は日本に帰り、官人となったが、弁正と朝慶は唐で亡くなった。しかも、朝元は、天平年中に入唐判官となり、玄宗皇帝に謁見《えつけん》することがあった。玄宗は弁正の子息ということから厚く賞賜した。そして日本に帰朝して亡くなった」と述べている。

この『懐風藻』の紹介文では、朝元は日本に帰って官人となり、遣唐使の判官となり、玄

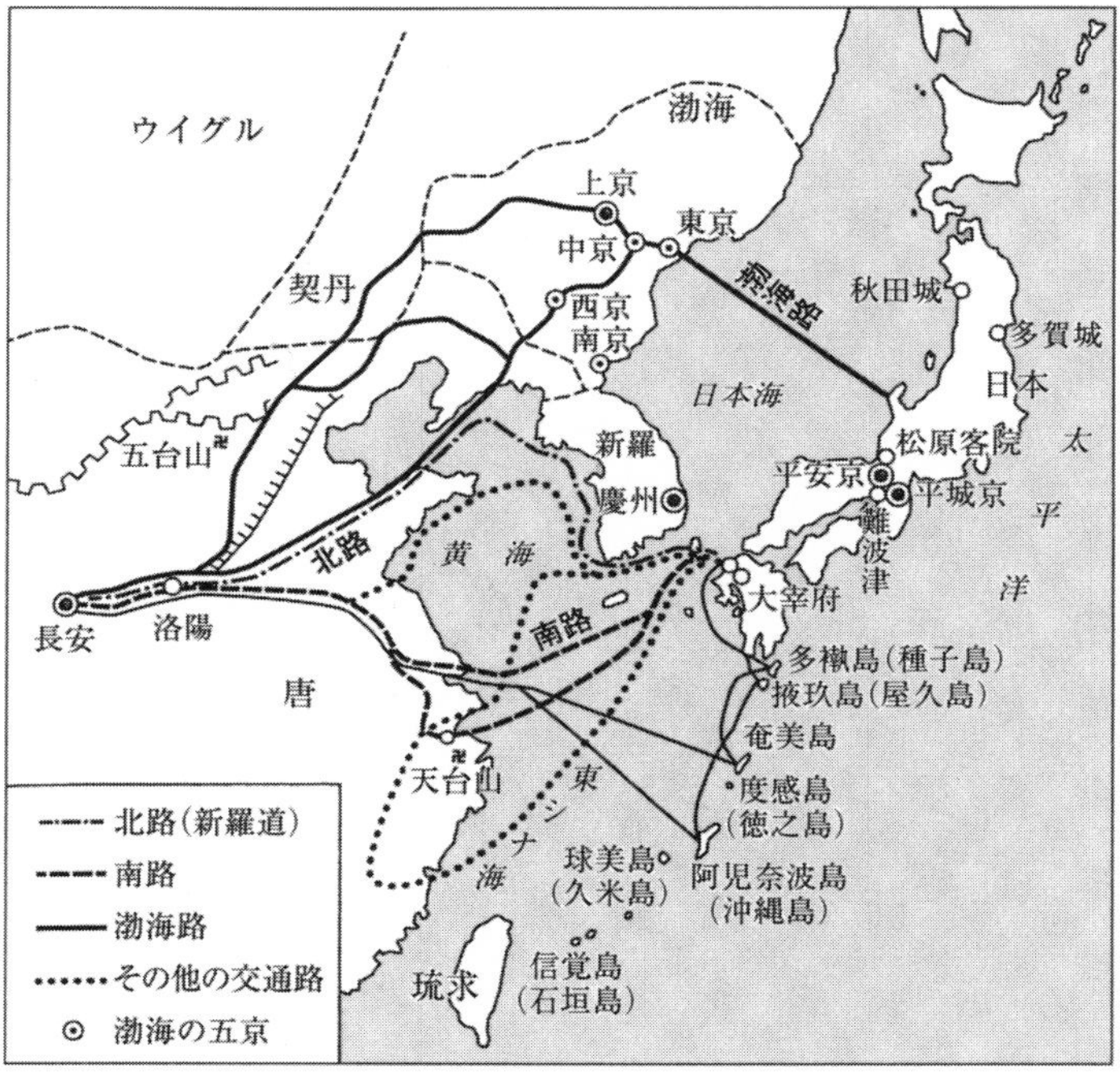

図 61　遣唐使船の航路

（森公章『阿倍仲麻呂』吉川弘文館　2019 年）

宗皇帝と謁見して厚遇されたとのみ記されている。ここにはみられない、日本に渡った朝元の活動を少し補足したい。

唐生まれの秦朝元

朝元は、遣唐押使の多治比県守とともに帰朝したとき、一四歳あるいは一五歳だったと推測される。その翌年の養老三年（七一九）に、「忌寸《いみき》」の姓を与えられている。ついで、養老五年（七二一）正月、従六位下の秦朝元は医学の分野で評価され、絁一〇疋、布二〇端、鍬二〇個を賜ったと記されている。しかし、まだ二〇歳にならない秦朝元が従六位下の官位を有したとは考えにくく、誤りがある可能性もある。

ついで、天平二年（七三〇）三月、太政官は、陰陽・医学・天文などの諸分野で優れた功績をもつ者に学生の弟子を与えて教えさせ、あわせて漢語（中国語）の通訳を増やすため、粟田馬養・秦朝元ら五人に弟子二人を配しており、その教師に朝元もふくまれている。

朝元は唐で生まれ育ちながら、父の弁正は日本への帰国を考え、朝元に日本語も話せるようにしていたので、中国語の通訳を育てる教師に採用されたものと思われる。

天平五年（七三三）、一五年ぶりに、多治比広成を遣唐大使、中臣名代を副使とする遣唐使が派遣されることになり、朝元も判官として、唐へ派遣された（図61）。このとき朝元は玄宗皇帝に謁見し、父の弁正の子息として厚遇を受けたのである。父の弁正、兄の朝慶とも再会できたであろう。

ふたたび唐から戻る

唐から帰朝した後の天平九年（七三七）一二月、朝元は図書寮《ずしょりょう》の長官に任じられた。唐にわたり多くの文献を周知したことから、唐と同じく図書の充実が期待されたものと推測される。

さらに、朝元は、天平一八年（七四六）三月、民部省の主計寮《しゅけいりょう》の長官に任じられた。主計寮は、調《ちょう》・庸《よう》の貢進を扱う官司で、彼は財政面にも明るかったのかもしれない。

この天平一八年は、前年の五月に近江の甲賀宮から平城宮・京へ還都した翌年であった。しかも、正月早々に雪が積ったのである。その雪の朝、左大臣の橘諸兄《たちばなのもろえ》が、諸王、官人らを元正《げんしょう》太上天皇の御在所の雪掻きに招集した。しかも、諸兄は雪掻きした後、雪を題に歌を詠ませ、その詠んだ歌と参集した官人らの名が『万葉集』巻一七に列記されている。

このとき、諸兄、紀清人《きのきよひと》・大伴家持《やかもち》らは歌を詠んだが、秦朝元のみは詠まなかった。そこで諸兄は麝香《じゃこう》で償なうようにといったと記している。この麝香は入手しにくい香料で、玄宗から贈られたものかも知れない。

唐で結婚した羽栗吉麻呂とその子ども

ところで、養老元年（七一七）に多治比県守を遣唐押使として派遣された遣唐使には、学問生として阿倍仲麻呂《あべのなかまろ》・吉備真備《きびのまきび》、学問僧として玄昉《げんぼう》らがふくまれていた（図62〜64）。そして、阿倍仲麻呂には傔従《けんじゅう》（従者）として羽栗吉麻呂《はぐりのよしまろ》が派遣されたことが知られている。吉麻呂は、入唐後に仲麻呂の従者を務めながら、唐の若い女性と結婚し、翼《つばさ》と翔《かける》という二人の子が生まれた。

天平五年（七三三）、多治比広成を遣唐大使とする遣唐使が入唐したとき、吉麻呂は主人の阿倍仲麻呂の許可をえて、わが子の翼、翔の二人を連れて帰国船に同乗し、一七年ぶりに日本に帰ったのである。長男の翼は一五歳ほどであったと推測される。

図 62　遣唐使船の復元（平城宮いざない館）

帰朝後、翼は出家したが、朝廷はその英才を惜しんで、還俗《げんぞく》させ、特に従者二名を与えて朝廷に出仕させた。翼は漢語（唐語）に堪能なので録事

図 63　唐大明宮の含元殿跡

含元殿は大明宮の第一正殿であり、元日の儀式、改元や即位の儀式、外国使節の謁見などの重要な国家儀式が行なわれた長安の代表的建築物である。遣唐使もこの場で謁見したと考えられる。

図 64　興慶宮跡に立つ阿倍仲麻呂の石碑

に任用された。その後に弟の翔も出仕し、同じく録事に採用されている。しかし、父の吉麻呂の動向はよくわからない。

天平八年（七三六）六月、遣新羅大使として阿倍継麻呂、副使として大伴三中《みなか》の一行が、新羅に派遣されている。『万葉集』巻一五―三六四〇に、「熊毛の浦に船泊てし夜、作れる歌」として、「都べに　行かむ船もが　刈ごもの　乱れて思ふ　こと告げやらむ」「右の一首は羽栗」と記されている。この熊毛の浦は山口県の浜辺、羽栗は名を記していないが、江戸時代の契沖《けいちゅう》の『代匠記《だいしょうき》』は、羽栗翔にあてている。また土屋文明氏は吉麻呂に推定している。年齢的には羽栗吉麻呂の可能性が高いと思われる。

羽栗翔の入唐

羽栗親子が帰国して二五年後の天平宝字三年（七五九）二月、高元度を遣唐大使とする遣唐使が派遣され、羽栗翔も録事として入唐した。この遣唐使は、その前に派遣された入唐大使の藤原清河《きよかわ》を帰国させるのが目的であった。翔にとっては二五年ぶりの故郷訪問であった。しかし、その頃の唐は、七五五年に起こった安史《あんし》の乱の余波で、各地は不穏な空気があり、高元度は渤海《ぼっかい》を経て長安に入ったが、唐の粛宗《しゆくそう》は乱の後で航路が不穏として清河の帰国を認めなかったので、むなしく帰国した。そのとき、翔は清河のところに留まり、日本に戻らなかったのである。

羽栗翼の入唐と帰国

翔が唐に渡って一八年後、翼は宝亀六年（七七五）に外従五位下となり、准判官に任じられる。その翌年三月、大外記となり、宝亀八年（七七七）六月、翼は、第一四次の遣唐使に准判官として一行に加わり、四〇年ぶりに唐土を踏んだ。一五歳だった翼は、五〇代半ばの年齢になっていた。一八年前に入唐した翔はそのまま戻らず、安史の乱の後、玄宗は亡くなり、父の吉麻呂の主人であった阿倍仲麻呂、弟の翔が仕えた藤原清河も八年前に没していたのである。

唐は、玄宗・粛宗を経て、皇帝は代宗となっており、すでに大きく変化していたのだ。翼は、翌年九月、遣唐使一行らとともに帰国の途についたのである。

帰国した翼は、功により宝亀一〇年（七七九）四月に従五位下に叙され、さらに延暦四年（七八五）八月、従五位上、延暦五年七月に薬正兼侍医、延暦七年三月に左京亮を歴任して正五位下となり、延暦一七年（七九八）五月、平安京で没している。『類聚国史』によると八〇歳で没し、じつに波瀾万丈ともいうべき人生であった。

翼の弟の翔は、翼より先に再び唐土を踏み、その地で没した。それから八〇年後、円仁《えんにん》の『入唐求法巡礼行記』は、登州の開元寺に宿泊すると、仏殿の西廊下の外側の堂内の北壁に、西方浄土を描く絵に、日本人の「録事正六位上羽豊翔」らの名を見つけたが、いつの朝貢使か知らずと記したが、この「羽豊翔」は羽栗翔に推測されている。

9　平城京の橋と近江の勢多橋

平城京の橋の遺構

山地の多い日本は、河川も多い。河川は大小にかかわらず道を遮断するので、古代国家は渡河点に橋や渡しの施設を設けていた。

平城京では、東西南北に大路・小路をもうけ、これらの街路に幅広い側溝がともなっていたので橋を架けていた。この平城京の大路に架けた橋の一つに、平城宮の東南隅で、左京の二条大路と東一坊大路が交差しており、ここに架けた橋が見つかっている（図65）。

ここでは平城宮の東大垣に沿って東一坊大路の西側溝が二条大路を縦断して南へ流れており、その二条大路の中央に橋脚七本を南北に二列打ち込んだ橋（SX四〇二〇）が検出されている。この橋は東西三・八㍍、南北一三・四㍍で、車が通れる幅広い橋が架けられていた。この橋の欄干《らんかん》の柱頭につけていた瓦製の擬宝珠《ぎぼし》も落下していた。

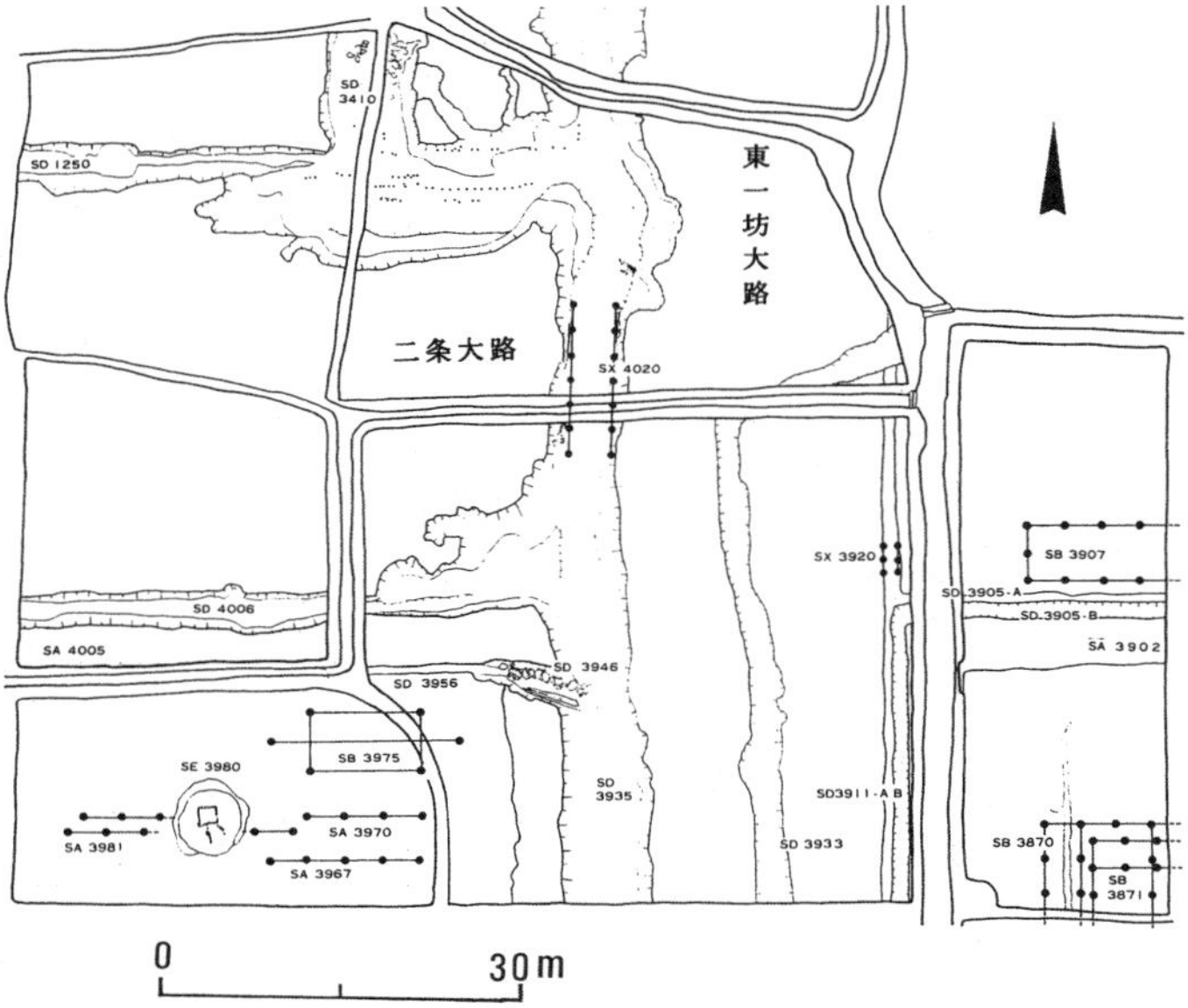

図 65　平城宮東南隅と大路に架ける橋
(『奈良国立文化財研究所年報 1966』1966 年)

東堀河の橋

左京の八条・三坊には東市があり、ここを南北に東堀河が流れ、東西方向の条間大路を縦断していた。ここでも発掘調査で橋が検出されている。この橋は九メートル幅の堀河に、径三一～三五センチの太い四本の柱を桁行《けたゆき》約四メートル、梁行《はりゆき》約二・七メートルに打込んでおり、両端に細い脚柱を補助に打ち込んでいた。しかも、堀河の西岸近くから重なって出土した橋の桁、梁、橋板からすると、橋脚の柱頭部は残っていないが、梁の形からすると、柱頭に枘《ほぞ》を造出して梁をうけ、梁の上に二本の平行する桁を架けていたものと推測される。その桁材は、梁の枘を受け、一方で桁の枘を梁の枘穴に差し込み、相互に継ぎ合わせていた。また桁も太枘《だぼ》を用いて接合していた。

二本の桁材の上には橋板を敷き並べ、この橋板の端部の状態からすると、橋板の端には桁材と同じ位置に、地覆材を重ねて橋板をはさんでおり、釘止めしていない。また橋板の上面の風食が一様なので、橋板の上に土を盛っていたものと推測されている。

平城京外で発見された橋の遺構

他に平城京外であるが、一九八〇年（昭和五五）に、大和郡山市の稗田《ひえだ》遺跡で、朱雀大路《すざくおおじ》から南に下がった下ツ道から、大きな橋が見つかった。この下ツ道は路面幅が約一六㍍で、道の西に幅三㍍の側溝、東に幅一一㍍、深さ二㍍の運河状の大きな流路が見つかっている。検出された橋は、下ツ道を幅一二㍍で東から西へ斜めに横断する流路（川）上に架けており、二時期のものがある。橋脚が遺存した二期の橋は、桁行四間（七㍍）、梁行四間（一二㍍）で、径四〇㌢の檜材の橋脚が遺存していた。

この二期の橋脚は、下ツ道の道路と同じ向きに掘立柱式で据えていた。しかし、一期の橋は、川の流路と同じく斜め方向に平面が菱形に、桁行三間（一九㍍）、梁行七間（一八㍍）

の橋脚の柱穴が検出されている。また橋下にあたる下ツ道の東側溝と川の流路には杭としがらみで護岸していた。この斜行流路が下ツ道を横断する地点では、墨書人面土器・ミニチュアの竈・土馬・人形・斎串・銅銭などが出土し、銅銭以外は、しがらみによって留まったと推測されているが、この橋上から流路に投じたものも少なくないと思われる。

古代の橋の特徴

以上のような古代の橋では、大半は橋脚の上に梁を渡し、それに桁を架け、橋板をのせた桁橋《けたはし》である。その橋脚は、掘立柱式と柱を打込むものとがあるが、掘立柱式が大半である。橋の幅（梁）は、人や車の往来する量に対応したものである。また、東堀河や稗田遺跡で検出された橋の桁行の橋脚間の広さは、稗田遺跡の斜行流路に、その東で東堀河が流れ込み、西では秋篠川と合流するものと推測されるので、舟の漕運に支障のない間隔を確保していたものと思われる。

勢多橋の架橋

さて、古代に大きな河川に架けた橋で、注目されるものの一つに、近江の琵琶湖から流れでる瀬田川に架けた勢多《せた》橋がある。壬申の乱のとき、この勢多橋を挟んで、近江朝軍と

図66　勢多橋の遺構

大海人皇子軍との最後の決戦が展開した。一九八八年（昭和六三）、現在の瀬田唐橋から八〇《メートル》下流で、古代の勢多橋の橋脚の基礎遺構が発掘されている（図66）。

　この古代の勢多橋は、橋を構築する前に川底を平坦にし、川の流れと同一方向に、径二〇《センチ》、長さ五《メートル》大の丸太材を数本並べ、その上に、同様の太さで、長さ三～八《メートル》の丸太材一一本を直角に配し、全体を四角にしていた。ついで径三～五《センチ》の細い棒状の材で網状に組んで覆い、その上に橋脚の台部として、長さ五～六《メートル》、幅四〇～五〇《センチ》の角材を、南北五《メートル》、東西二《メートル》の扁平な六角形に組み、角材の中央部に径二〇《センチ》の小孔をあけ、その上に橋柱を立て、人頭大の山石を高く積んでいた。

　この橋脚からすると、勢多橋の橋脚は六角

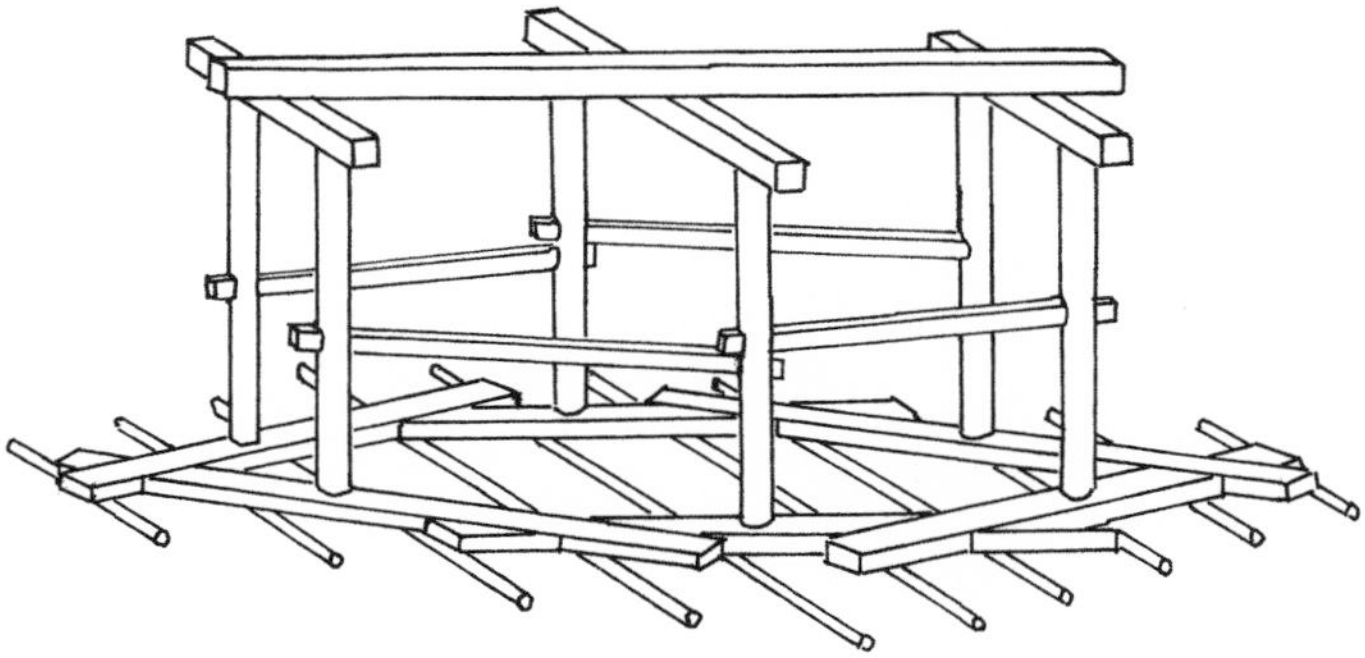

図67　勢多橋の復元図（著者作成）

状で、橋脚の柱頭に東西方向に横材を三列のせ、その上に南北方向に梁材を置き、それをもとに東西方向に一二《メートル》ほどの長い桁材を架けていたものと推測される（図67）。そして、東岸から一五《メートル》離れた二つ目の橋脚基礎から無文銀銭が出土している。

この無文銀銭は、『日本書紀』天武一二年（六八三）四月一五日条によれば、銀銭の使用を禁じ、銅銭の使用を命じているので、勢多橋を架橋したさい、あるいは補修工事の際に地鎮的に無文銀銭を埋納したものと推測され、発掘された勢多橋は、天智・天武朝まで遡るものと思われる。

新羅から導入された橋梁技術

このような勢多橋の橋脚台部は、日本では類例がない。しかし、一九八六・八七年に、新羅・慶州の月城の南を流れる南川に架けられた月精橋《げつせいきょう》で、同一の橋脚基礎が検出されている。この月精橋のものは、上流側で六角形の石造、下流側で五角系の木造の橋脚台が検出され、石造は新羅統一時代、木造は七世紀後半とされている。月精橋の橋脚台は端部が山形をなし、勢多橋と共通しており、同一系列の橋梁技術が新羅から導入されたものと推測される（小笠原一九九〇）（図68）。

図68　新羅・月精橋の遺構

そこで、この橋梁技術を勢多橋に導入した要因が問題になる。これには瀬田川の川底が硬く、柱穴の掘削や橋脚を打ち込むのが困難であったため、とする考えがだされている。しかし、私は、古代の瀬田川は舟や桴の往来が激しく、これらが衝突して橋脚を破壊した際に、修理に便利な橋として、新羅《しらぎ》の技術を導入したものと推測する。

行基の山崎橋架橋

近畿で最大の河川である淀川には、『行基年譜《ぎょうきねんぷ》』によると、神亀二年（七二五）に、行基が山崎橋を架橋している。この山崎橋は、山背と摂津の境にあり、さらに河内摂津と結ぶ交通の要衝に架けたものであった。他に行基は、恭仁京に泉大橋、摂津に高瀬大橋、長柄橋、中河橋、難波に堀江橋を架けている。

これらのうち、行基が山崎橋を架橋したのは、諸物資や人びとの往来にじつに多大の便宜をあたえるものであった。しかし、古代国家は、大河川には橋を架けず、舟による渡しを設ける方針であったので、山崎橋の架橋には批判的であった。その要因は、大河川に架橋すると、増水によって橋が流失するなど、その維持に多くの困難な課題を抱えることになる。

それ以上に、古代の律令国家は、民衆が大きな河川を越えて自由に移動すると、農地を捨てて他所に離れてしまう危惧が大きくなるので、大河川に架橋するのを嫌ったのである。

あとがき

本書は、日本の古代律令国家の政務や運営の本拠となった平城宮・平城京で活動した人びとを対象に、多くの課題をとりあげ、必要とする今日的な視点をも加えて述べたものである。

ここで記した平城京の人びとに関連する課題は、いずれも二〇〇七年から始まった、「奈良歴史遺産市民ネットワーク」(代表　浜田博生氏)での歴史講座で述べたものである。奈良県が平城京の興福寺・元興寺・薬師寺・唐招提寺・平城宮跡と東大寺・春日大社・春日山原始林の八つの資産群を「古都奈良の文化財」としてユネスコの世界遺産へ推薦したのに対し、この市民ネットワークの方々は、広く市民運動を推進されていた。「古都奈良の文化財」は、一九九八年に世界遺産として登録されているが、その前後、今日的な至便性を優先する京奈和自動車道の建設が計画された際に、奈良市の中心部を通過させる案が提示された。しかも、このルート案では、世界遺産にふくまれた平城宮跡の地下を通すという案が提示されたのである。この案に対し、世界遺産のバッファーゾーン（緩衝地帯）の保全を重視する考えのもとに、このルートの撤回を強力に推し進めたのが市民ネットワークの方々である。

この「古都奈良の文化財」の世界遺産への登録、その後の平城京をめぐる歴史的環境の保護・保全を強力に進めてこられた浜田博生氏は、じつに人間味の豊かな運動を進めた方であった。しかし、今年の七月一八日に他界されたことは、惜しまれてならない。九一歳の高齢だったとはいえ、著者は、浜田氏の卓越した指導力に驚嘆しながら、五〇数年を過ごしてきたことから、言葉として言い尽くせないものがある。

本書は、浜田氏の仲介で二〇一一年八月から『奈良民報』に隔週で連載したものを選択し、図版を加えて編集したものである。この書を、長年にわたって指導していただいた浜田氏に奉げたい。

二〇二三年八月

小笠原好彦

引用・参考文献

伊集院葉子『日本古代女官の研究』吉川弘文館　二〇一六年
磯貝正義『郡司及び采女制度の研究』吉川弘文館　一九七八年
近江俊秀『平城京の宅地事情』吉川弘文館　二〇一五年
小笠原好彦編『勢多唐橋—橋にみる古代史—』六興出版　一九九〇年
小笠原好彦『日本の古代官衙と文物』吉川弘文館　二〇一五年
小笠原好彦『古代宮都と地方官衙の造営』吉川弘文館　二〇二二年
鬼頭清明『日本古代都市論序説』法政大学出版局　一九七七年
栄原永遠男『日本の歴史四　天平の時代』集英社　一九九一年
笹山晴生『古代国家と軍隊』講談社　二〇〇四年
佐原康夫『漢代都市機構の研究』汲古書院　二〇〇二年
下向井龍彦「軍団」『文字と古代日本2　文字による交流』吉川弘文館　二〇〇五年
薗田香融『日本古代の貴族と地方豪族』塙書房　一九九二年
寺崎保広『長屋王』吉川弘文館　一九九九年

奈良県教育委員会編『藤原宮』（奈良県史跡名勝天然記念物調査報告第二五冊）一九六九年
仁藤敦史『藤原仲麻呂』中央公論社　二〇二一年
橋本輝彦「奈良県桜井市・小立古墳出土の車輪について」『古代交通史研究』第一三号　二〇〇四年
早川和子『よみがえる日本の古代』小学館　二〇〇七年
早川庄八『日本古代官僚制の研究』岩波書店　一九八六年
原田淑人「硯との関連から見た中国古代の墨」『考古学雑誌』第四六巻第一号　一九六〇年
福山敏男『日本建築史の研究』桑名文星堂　一九四三年
八木　充『日本古代出土木簡の研究』塙書房　二〇〇九年
山路直充「古代の墨」『史館』三三号　二〇〇四年
義江彰夫「儀制令春時祭田条の一考察」『古代史論叢』中巻　吉川弘文館　一九七八年
横山浩一『古代技術史攷』岩波書店　二〇〇三年

著者略歴

一九四一年　青森市に生まれる

一九六六年　東北大学大学院文学研究科修士課程修了

奈良国立文化財研究所主任研究官、滋賀大学教授、明治大学大学院特任教授を経て

現在　滋賀大学名誉教授、博士（文学）

〔主要著書〕

『日本古代寺院造営氏族の研究』（東京堂出版、二〇〇五年）

『聖武天皇が造った都』（吉川弘文館、二〇一二年）

『古代近江の三都』（サンライズ出版、二〇二一年）

『古代の宮都と地方官衙の造営』（吉川弘文館、二〇二二年）

平城京の役人たちと暮らし

二〇二三年（令和五）十二月二十日　第一刷発行

著　者　小《お》笠《がさ》原《わら》好《よし》彦《ひこ》

発行者　吉　川　道　郎

発行所　株式会社　吉川弘文館

郵便番号一一三―〇〇三三

東京都文京区本郷七丁目二番八号

電話〇三―三八一三―九一五一〈代表〉

振替口座〇〇一〇〇―五―二四四番

https://www.yoshikawa-k.co.jp/

組版＝文選工房

印刷＝亜細亜印刷株式会社

製本＝ナショナル製本協同組合

装幀＝岸　顯樹郎

ISBN978-4-642-08442-0

小笠原好彦著

検証 奈良の古代遺跡　古墳・王宮の謎をさぐる

A5判・二二二頁
二二〇〇円

古代には大和と呼ばれ、政治や文化の中心地だった奈良。葛城や飛鳥の古墳、王宮跡など三〇遺跡を新説とともに紹介。考古学の研究成果に「記紀」『万葉集』などの記述をふまえ、背後に展開した新たな古代世界を描く。

検証 奈良の古代仏教遺跡　飛鳥・白鳳寺院の造営と氏族

A5判・二一六頁
二二〇〇円

古代に都が営まれ、東アジアの文化や情報の受容拠点であった奈良。飛鳥・白鳳期の二五寺院跡などを、考古学の発掘成果と『日本書紀』などをふまえて紹介。寺院跡の所在地と瓦類から、有力氏族相互の実態に言及する。

（価格は税別）

吉川弘文館

小笠原好彦著

聖武天皇が造った都 難波宮・恭仁宮・紫香楽宮

（歴史文化ライブラリー）四六判・二八八頁

一八〇〇円

奈良時代、聖武天皇は難波宮・京を再興し、ついで突然に平城京を出ると、恭仁宮・京、紫香楽宮を造営し、五年にわたり、これらの都城を転々とした。今なお謎の多いこの行動を、最新の発掘成果と唐の三都制をもとに読み解く。

古代豪族葛城氏と大古墳

四六判・二〇八頁

二二〇〇円

奈良盆地南西部に葛城氏の大型古墳が集中して造られたのはなぜか。考古学による研究成果と『古事記』『日本書紀』の首長系譜を対比し、葛城氏の被葬者をすべて想定。畿内の最有力豪族の政治力、経済力、軍事力を解明する。